내 삶에
넘치는
하나님의 선물

내 삶에 넘치는 하나님의 선물

초 판 1쇄 2021년 08월 25일

지은이 정혜원
펴낸이 류종렬

펴낸곳 미다스북스
총괄실장 명상완
책임편집 이다경
책임진행 김가영, 신은서, 임종익, 박유진

등록 2001년 3월 21일 제2001-000040호
주소 서울시 마포구 양화로 133 서교타워 711호
전화 02) 322-7802~3
팩스 02) 6007-1845
블로그 http://blog.naver.com/midasbooks
전자주소 midasbooks@hanmail.net
페이스북 https://www.facebook.com/midasbooks425

© 정혜원, 미다스북스 2021, *Printed in Korea*.

ISBN 978-89-6637-948-4 03230

값 15,000원

🏃 미다스북스는 다음세대에게 필요한 지혜와 교양을 생각합니다.

내 삶에
넘치는
하나님의 선물

일상의 감사를
현실의 복으로 돌아오게 하는 단 하나의 방법!

★★★★★
구체적 기도 노트
기도 감사 노트
수록

정혜원 지음

The Gift of GOD

미다스북스

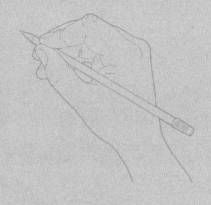

오랜만에 펼쳐본 노트

오랜만에 펼쳐본 노트는 희고도 희다.

점 하나, 획 하나 쉽지 않다.

마음은 앞서 달리는데 손은 움직일 수 없다.

마음은 웅장한 떨림으로 흔들리고,

펜은 희디흰 노트를 달려

생명을 붓고 또 다른 생명을 잉태시킨다.

오랜만에 펼쳐본 노트는 희고도 희다.

점 하나, 획 하나 쉽지 않다.

머리는 복잡하게 엉켜드는데 손은 움직일 수 없다.

머리는 웅대한 꿈으로 흔들리고,

펜은 희디흰 노트를 달려

들판이 되고, 산과 물이 되어 흐른다.

오래오래 마음에만 묻어놓았던 소녀의 꿈을 다시 시작해보려고 3년 전쯤 써놓은 시다. 글 쓰는 것을 좋아하고 글이 가지는 영향력을 좋아한다. 그러나 남에게 내보인다는 것은 왠지 부끄럽고 생각이 다른 사람들에게 이해받지 못할 때 부메랑처럼 내게 돌아올 상처에 대한 두려움이 있다. 걸음마도 떼지 못한 아이를 세상에 내보내는 마음이 들어 다시 품에 안아 집 안으로 들이고 싶은 마음이다. 그럼에도 하나님이 주시는 소원을 마음에 품고 있었다는 생각을 떨쳐버릴 수 없어 부족하나마 글을 쓰고 책을 내게 되었다. 오로지 하나님께서 홀로 영광 받으시기를 기도한다.

"여러 계시를 받은 것이 지극히 크므로 너무 자만하지 않게 하시려고 내 육체에 가시 곧 사탄의 사자를 주셨으니 이는 나를 쳐서 너무 자만하지 않게 하려 하심이라. 이것이 내게서 떠나가게 하기 위하여 내가 세 번 주께 간구하였더니 나에게 이르시기를 내 은혜가 네게 족하도다 이는 내 능력이 약한 데서 온전하여짐이라 하신지라. 그러므로 도리어 크게 기뻐함으로 나의 여러 약한 것들에 대하여 자랑하리니 이는 그리스도의 능력이 내게 머물게 하려 함이라. 그러므로 내가 그리스도를 위하여 약한 것들과 능욕과 궁핍과 박해와 곤고를 기뻐하노니 이는 내가 약한 그때에 강함이라."(고후 12:7~10)

나는 고린도후서 12장 7~10절의 바울의 고백보다 더 학벌이나 지식이

나 재력이나 모든 것에 자랑할 바가 없는 사람이다.

　문학소녀를 자처하던 10대 때에 많은 시를 썼는데 간수를 잘하지 못해서 모두 없어졌다. 지금은 그때처럼 시상이 떠오르지 않고 시를 쓰기엔 너무 생각이 많아져버렸다. 그렇게 우리는 모두 첫사랑을 잊으며 살아간다. 그러나 미련은 우리를 자꾸 뒤돌아보게 한다. 신앙도 마찬가지인 것 같다. 우리의 뜨거움이 어느새 식어버렸다. 우린 모두 빚쟁이처럼 꾸어 갈 때는 애걸복걸하다가 이제는 모르쇠 놓는 식이다.

　그리스도인은 세상의 빛과 소금이어야 한다. 그러나 이젠 세상이 교회를 걱정한다. 나는 누구를 탓할 수 없다. 내가 제일 부족하기 때문이다. 늦었다고 생각할 때가 가장 빠른 때이다. '내가 하면 되지, 내가 시작하면 되지, 나라도 기도하면 되지….'
　이렇게 한 명, 두 명이 모이면 10명이 되고, 20명이 되지 않을까? 하나님이 숨겨놓으셨던 7,000명처럼 각각의 자리에서 기도하는 사람이 넘쳐나면 좋겠다. 우리나라는 유럽처럼 교회의 문이 닫히지 않으면 좋겠다. 뜨거움으로 교회에 모이고 각자의 자리에서 기도했으면 좋겠다. 진실이, 진리가 통했으면 좋겠다. 나의 자녀가 사는 세상이 진실했으면 좋겠다. 예수님이 하라고 하는 대로 살아보니 정말 살아볼 만하다고 말하는 세상이 되길 바란다.

The Gift of GOD - Contents

부록 Appendix

The Gift of GOD

1 장

나는 하나님을
만난 후
삶이 달라졌다

하나님의 사람을 만나게 하시다

01

　지금은 코로나로 인해 누구를 만나기도 어려운 때가 되었다. 모두가 마스크를 쓰고 거리두기를 위해 집콕 하고 있다. 그러나 내가 하나님의 사람을 만난 그때는 이렇게 사람을 만나기조차 어려운 코로나 시대가 오리라는 생각을 하지 못했다. 내가 중3이었던 1982년, 같은 반에서 가장 친했던 친구가 자기 오빠가 바로 우리 집 건너편에 개척교회를 시작하게 되었다고 나에게 창립예배를 가자고 했다. 계속 가자고 하는 것도 아니고 먼 거리에 있는 것도 아니어서 별 부담감 없이 교회에 가게 되었다. 교회엔 친숙한 친구의 엄마가 계셨고, 어른 열 명 정도가 계셨던 것 같

다. 학생이라고는 친구와 나, 그리고 50대 정도의 권사님의 딸인 초등학
생이 있었다.

그 시절 우리 집은 아버지의 사업 실패로 인해서 경제적 어려움을 당
하고 있었다. 그래서 부모님은 저녁마다 경제적 문제로 다툼이 잦아지고
있었고, 4남매의 학비는 항상 밀려 있어서 고등학교 진학조차 불투명하
던 때였다. 그러던 때에 하교 때마다 친구와 교회에 가서 저녁을 먹고 숙
제를 하는 일은 나에게 탈출구와 같은 일이 되었다. 그래서 당연하게 교
회로 향했고, 교회에선 친구 엄마가 항상 반갑게 맞아주시고 친구와 함
께 저녁을 먹고 숙제를 하고 집으로 오는 일이 일상이 되었다.

교회에 가면 항상 주일학교 전도사님도 계셨는데 지금은 너무 오래되
어 그 남자 전도사님이 너무 재미있었다는 것만 생각난다. 항상 성경 말
씀도 예화도 코미디언처럼 말과 표정을 재미있게 하셔서 나는 웃느라고
정신이 없었고, 당시 내 삶의 여러 힘든 것을 잊고 깔깔거리며 웃게 만드
는 능력을 갖고 계셨다. 지금 생각해보면 그렇게 큰 나이 차이가 아니었
는데 그때 난 아이였고 그분은 어른이어서 나이를 생각하지 않고 전도사
님으로 잘 따랐다. 그래서인지 침울하던 나도 교회에 가면 항상 웃을 수
있었다. 나는 친구들에게 전도사님 너무 재미있는데 교회에 가보자고 이
야기하기 시작했다. 그것이 전도인지도 몰랐고, 더더군다나 성경은 알지

도 못해서 복음을 전하지 못하고 그냥 가자고만 했는데도, 8월부터 다니기 시작한 교회에 연말에는 우리 반 친구들만 15명이 되었다.

그렇게 매일 교회에 가다 보니 수요예배와 금요철야 참석은 그냥 자연스런 일이 되었고, 어느새 나는 열성 성도가 되어 있었다. 목사님도 얼마나 열정적으로 설교하시고 기도하시는지…. 지금 생각해보니 처음 교회를 개척하셨고, 젊은 나이라서 뜨거웠던 것 같다. 철야 때는 찬양만 한 시간 이상 불렀고, 기도도 통성기도로 교회가 떠나가라 기도했다. 그때의 영성이 지금까지도 영향을 미치는 것 같다.

우리 집의 경제를 책임지시는 엄마는 항상 바쁘셨고, 처음엔 좋은 친구 만나서 같이 숙제도 하고 공부를 해서 좋다고 생각하셨다. 그러나 금요철야가 끝나고 새벽 1~2시에 들어오자 걱정이 되셨는지 교회에 가보자고 하셨다. 그 주간의 주일에 교회 가서 예배드리시고, 친구의 엄마도 만나보셨다. 금요철야를 마치고, 친구의 엄마와 친구가 우리 집에 나를 데려다주고 교회에서 주무신다는 말씀을 듣고야 엄마는 안심을 하셨다. 그러나 아버지는 그 후로도 내가 늦은 밤에 오는 것을 탐탁지 않게 여기셔서 여러 차례 꾸중을 하셨다. 수요예배가 끝나서 가면, 문을 잠가놓기도 하고, 성경책을 찢기도 하셨다. 또한 형제들은 내가 식사기도를 하면 밥을 치워버린다든가, 세례증서를 없애버리는 등의 방법으로 교회에 다니는 것이 싫다는 표시를 했다. 그러나 그럴수록 나는 더 가족을 위해 기도하게 되었다.

그리고 또 한 가지 생각나는 것은 중학교 2학년 때 가정 과목을 가르치셨던 담임 선생님이 시간이 날 때마다 재미있는 옛날이야기를 해주신 것이다. 우리나라 역사도 아닌 어디에 있는 나라인지도 모르는 아하수에로 왕과 에스더의 이야기를 자주 해주셨다. 그것이 성경에 있는 이야기라는 것을 나중에 알게 되었다. 그래서 그 후로 성경에 대해 궁금함이 생겨났다. 아마도 담임 선생님을 통해서 나는 교회에 대한 거부감이 없어졌던 것 같다. 선생님이 믿는 그 하나님이 궁금해지기 시작했고, 그 마음을 계속 간직하고 있었다. 그러던 중에 친구를 통해서 하나님은 나를 부르셨고 교회로 인도하신 것임을 나중에야 알게 됐다.

나라는 한 사람을 위해 하나님은 미리 성경을 듣게 하시고 그땐 그저 우연이라고 생각했던 친구의 오빠가 본인이 살고 있던 집(사당동)과는 멀리 떨어진 우리 동네(공덕동), 그것도 우리 집 앞에 개척교회를 시작하게 하셨다. 하나님은 한 사람 한 사람의 환경과 여건 그리고 성품까지 다 아시고, 그에 맞게 역사하신다. 세상 사람들은 우연이라고 하고, 신앙인은 하나님의 역사하심이라고 한다. 힘들고, 지칠 때, 주위에 아무도 없고 외롭다고 느낄 때, 다시 한번 주위를 둘러보라. 분명히 하나님은 나를 혼자

두시지도, 나를 버리시지도 않으신다. 어떤 손길을 통해서라도 하나님께로 인도하신다.

"보아스가 룻에게 이르되 내 딸아 들으라 이삭을 주우러 다른 밭으로 가지 말며 여기서 떠나지 말고 나의 소녀들과 함께 있으라 그들이 베는 밭을 보고 그들을 따르라 내가 그 소년들에게 명령하여 너를 건드리지 말라 하였느니라 목이 마르거든 그릇에 가서 소년들이 길어 온 것을 마실지니라 하는지라. 룻이 엎드려 얼굴을 땅에 대고 절하며 그에게 이르되 나는 이방 여인이거늘 당신이 어찌하여 내게 은혜를 베푸시며 나를 돌보시나이까 하니 보아스가 그에게 대답하여 이르되 네 남편이 죽은 후로 네가 시어머니에게 행한 모든 것과 네 부모와 고국을 떠나 전에 알지 못하던 백성에게로 온 일이 내게 분명히 알려졌느니라. 여호와께서 네가 행한 일에 보답하기를 원하며 이스라엘의 하나님 여호와께서 그의 날개 아래에 보호를 받으러 온 네게 온전한 상 주시기를 원하노라 하는지라."(룻 2:8~12)

룻은 이방인에 대해 차별이 심했던 유대 베들레헴에 남편도 없이 시어머니를 따라서 왔다. 그녀는 두렵고 외로웠을 것이다. 그런 룻에게도 하나님은 하나님의 사람을 만나게 하신다.

지금도 남모를 어려움과 고통이 있는 사람들이 틀림없이 있을 것이다. 혼자라고 생각하지 않길 바란다. 하나님은 틀림없이 주위에 하나님의 사람을 준비해놓고 있을 것이다. 코로나에 무슨 사람이냐고 반문하는 사람도 있을 것이다. 그러나 이제 시대가 바뀌었다. 유튜브를 틀면 듣고 싶은 설교와 방송을 골라 들을 수가 있다. 듣고 싶은 찬양을 골라 들을 수도 있다.

전에는 교회를 다니려면 교회마다 직접 찾아다니고, 작정하고 기도하고 싶으면 기도원에 가서 금식하며 기도했지만, 이젠 내가 있는 곳에서 예배드릴 수 있고 찬양을 틀어놓고 혼자 기도원을 간 것처럼 마음껏 기도할 수 있다. 물론 가족들의 협조가 필요하지만 말이다. 또한 성경 공부도 집에서 줌으로 하는 시대가 된 것이다. 이제 시간이 없어서 예배드리지 못했다고 하는 말이 통하지 않는다. 나의 목마름을 내가 해결할 수 있는 좋은 세상이 되었다.

이런저런 방법을 다 동원해서 하나님은 오늘도 당신을 부르신다. 친구의 카카오톡을 통해서 교회의 예배 동영상이 오기도 할 것이고, 줌으로 만나자는 구역장님(속장님)의 연락이 올 것이다. 교회에서 제작한 유튜브의 주소도 카카오톡으로 올 것이고, 교회의 교육 과정이 담긴 인스타그램이 오기도 할 것이고, 성도들의 의견을 듣고 싶은 목사님의 카페 초대도 있을 것이다. 이제 시대가 달라졌는데 코로나로 힘들고 외롭다고 하나님은 나를 혼자 내버려둔다고 방에 혼자 갇혀 있다며 슬퍼하지 말자. 오늘도 하나님은 여러 방법을 통해 하나님의 사람을 만나게 하신다.

진짜 하나님은 살아 계시는 걸까?

02

요즘 우리나라의 이혼율이 두 쌍이 결혼하면 한 쌍이 이혼한다고 할 정도로 혼인신고 대비 50%에 가깝다고 한다. 그러나 내가 어렸을 때는 이혼한 가정이 많지는 않았다. 내가 어렵게 고등학교에 입학하고 얼마 안 되어서 부모님은 아버지의 경제적 무능력으로 인해 별거하게 됐다.

갑자기 나가버린 엄마를 우린 미워할 수 없었다. 이미 우린 엄마의 고통을 너무 이해하고 있었다. 그 후에 엄마는 건강이 약했던 오빠만 데리고 가셨다. 그리고 갑자기 어려서부터 살던 곳을 떠나 멀리 이사를 하게 됐다. 나는 고1에 살림을 해야 했고 멀어진 거리의 학교에 등교해야 했다. 그리고 경제적인 부분을 엄마가 감당하셨기에 당연히 경제적 문제가 더 심각해질 수밖에 없었다. 6시도 안 되어 일어나야 내 도시락과 동생들의 도시락을 싸서 학교에 갈 수 있었다. 집에서 학교는 두 번을 갈아타야 갈 수 있는 거리였지만, 차비를 아끼기 위해 삼청동에서 내려서 재동에 있는 학교까지 걸어갔다.

이제 학교가 달라진 중학교 친구, 나는 인문계 고등학교로, 친구는 상업고등학교로 진학해서 수업이 끝나고 교회로 함께 향할 수 없었다. 집에 가서 빨래도 하고 여러 집안일을 해야 해서 집에 빨리 가야 하는 것이 가장 큰 이유였다. 학교 수업이 끝나면 삼청동까지 걸어가서 버스를 타고 집으로 가야 했지만 그보다 더 걸어가는 날이 많아졌다. 길을 걸으며 '하나님은 나에게 왜 이런 어려움을 주실까? 하나님은 살아 계시는 걸까?' 매일 생각하고 매일 하나님께 묻고, 물었다. 나의 걷는 길은 더욱 길어져만 갔다.

이렇게 어려운 환경으로 준비물도 챙겨가지 못한 나는 고등학교에서 친구들에게는 왕따였다. 성적은 밑으로 내려갔다. 지금 생각하면 그런 친구를 좋아할 사람은 없는 것이 당연한 일이라는 생각도 들지만 그때는 외롭고 슬픈 일이었다.

그래서 더욱 교회에 가는 것이 좋았다. 금요철야와 주일예배만큼은 빠지지 않고 다녔다. 그때만이 나의 시름을 잊고 찬양하고 기도하는 시간이었다. 엄마와 살 수 있게 해달라고, 우리 가족이 모여서 살게 해달라고 하나님께 매일 기도했다. 하루는 엄마에게 가서 자게 되었는데 새벽에 오빠가 화장실을 다녀오다가 마당에서 쓰러졌다. 엄마는 119를 불러서 오빠와 병원으로 갔다. 나는 불안한 마음에 어쩌지도 못하고 교회로 갔다. 새벽예배는 끝났을 시간이라서 교회에는 아무도 없었다. 어떻게 기도해야 되는지도 알 수 없었던 나는 하나님께 오빠를 살려달라고 울며 기도했다. 오빠만 살려주시면 제가 대신 죽어도 좋다고 했던 것 같다. 오빠는 우리 집의 희망이고 기둥이었다. 언제나 성적이 10등 안에 들던(그땐 오빠가 장남이고 성적이 좋은 것을 최고로 여길 나이여서) 오빠는 엄마와 이모, 삼촌들이 모두 서울대 갈 성적이라고 했었던 수재였다.

그래서 나는 오빠만 살려주시면 내 생명, 내 삶을 주님께 바친다고 울며불며 기도했다. 하루 종일 불안한 가운데 수업을 마치고 엄마에게 가서 오빠의 이야기를 들었다. 오빠의 병명은 장 파열이었다. 그 후 엄마가 병원에 각서(생명에 지장이 있어도 수술해달라는 내용으로 기억한다)를 쓰고 수술을 했다. 오빠는 생명에 아무런 문제없이 수술했고 건강하게 잘 회복을 했다. 나는 오빠가 건강을 회복하는 것을 보며 그 새벽의 기도를 하나님께서 들어주신 것이라고 믿는다. 어렵고 힘든 수술이라고 들었는데, 아무렇지 않게 잘 회복되어 주었다.

엄마는 아픈 오빠를 챙겨야 했고, 따로 살고 있는 우리 3남매는 더욱 더 삶이 어려워지고 있었다. 학교에 준비물을 챙겨가지도 못하고 하루 두 개의 토큰으로 버텨야 해서 남동생은 신문 배달을 시작했고, 나는 학교 매점에서 일하며 등록금을 내야 했다. 언제나 엄마나 동생들 앞에서는 아무렇지 않은 척, 괜찮은 척했지만, 항상 마음속에는 두려움과 아픔이 있었다. 친구의 전도를 통해 교회에 출석한 지 6개월 만에 생긴 부모님의 별거는 어린 내가 감당하기에는 너무도 크고 힘든 일이었다. 나는 우리 가정의 여러 문제의 해답을 성경 말씀에서 찾고 싶었다. 그래서 저녁마다 한 장이라도 성경을 읽으려고 애를 썼다. 성경을 통해서 훌륭한 모든 사람이 어려움을 겪었지만, 결국은 잘된다는 것을 알게 되었다.

중학교 2학년 때 선생님께서 들려주셨던 에스더도 민족의 어려움이 생겼을 때 죽음을 무릅쓰고 왕 앞에 나가므로 민족을 살렸다는 것을 알았다. 요셉도 다니엘도 모두 죽음이 걸린 위기를 기도로 이긴 것을 성경에서 보게 되었다. 그래서 저녁마다 우리 가정의 화합을 위해 작정하고 기도하기 시작했다. 아직은 기도를 어떻게 해야 하는지 모를 때였지만, 그냥 떼쓰듯이 기도했던 것 같다. "엄마와 아빠가 같이 살게 해주세요. 동생들을 불쌍하게 생각하셔서 엄마와 지내게 해주세요." 지금 기억으로는 이런 말만 계속했던 것 같다. 이 기도는 하루도 빼놓지 않고 잠자리에서 하게 되었다.

사람들은 너무 힘들면 기도가 안 된다고 한다. 너무 슬프거나, 너무 고통스럽거나, 너무 황망한 일을 당했을 때는 정말 유창하거나 미사여구를 넣지 못한다. 그러나 우린 이런 때도 하나님을 기억해야 하고 유창하지 않더라도 주님을 불러야 한다. 아니면, 찬송을 부르든지, 성경구절이라도 암송하든지, 읽든지. 그래서 나는 힘들 때 부르는 찬송과 성경구절을 다른 구절보다 많이 안다. 기쁨과 감사의 찬송이나 성경구절보다 아프고, 고통스러울 때 부르는 찬송과 성경구절이 삶에서 많은 위로를 준다.

"내가 산을 향하여 눈을 들리라 나의 도움이 어디서 올까 나의 도움은 천지를 지으신 여호와에게서로다. 여호와께서 너를 실족하지 아니하게 하시며 너를 지키시는 이가 졸지 아니하시리로다. 이스라엘을 지키시는 이는 졸지도 아니하시고 주무시지도 아니하시리로다. 여호와는 너를 지키시는 이시라. 여호와께서 네 오른쪽에서 네 그늘이 되시나니 낮의 해가 너를 상하게 하지 아니하며 밤의 달도 너를 해치지 아니하리로다. 여호와께서 너를 지켜 모든 환난을 면하게 하시며 또 네 영혼을 지키시리로다. 여호와께서 너의 출입을 지금부터 영원까지 지키시리로다."(시 121편)

이 말씀을 읽고 또 읽으며 '하나님께서 꼭 내게 환난을 면하게 하시리라' 믿고 또 믿었다.

하나님이 어서 이 환난을 면하게 해주셔서 엄마와 온 가족이 지낼 수 있게 해주시리라 기도하며 어려운 시기를 지낸 지도 어느 새 1년이 지나가고 있었다. 신문 배달을 하던 동생이 실수로 팔이 부러지는 일이 있었다. 따로 지내며 엄마인들 마음이 편했을까? 엄마도 사시는 동네의 교회를 다니고 계셨고 기도하시면서 아이들을 이렇게 둬서는 안 되겠다 싶으셨는지 어려운 결정을 내리셔서 우리 4남매를 데리고 가겠다고 아버지에게 말씀을 하셨다.

매일 드리던 기도가 응답되는 순간이었다. '하나님이 살아 계시는가?' 하굣길에 길을 걸으며 묻던 내게 하나님은 엄마를 통해 가족을 모으시면서 하나님이 살아 계심을 보이셨다. 가정의 회복과 온 가족이 예수님 믿기를 기도했던 나에게 가정의 회복과 엄마의 신앙생활로 응답해주신 것이다. 그 후에 우리는 다시 마포로 이사를 했다. 우리 남매들은 이전의 삶으로 돌아가서 엄마의 보살핌을 받을 수 있었고 학업에 다시 매진할 수 있었다. 우리 집은 전에도 엄마와 함께 저녁에 많은 이야기를 나누는 편이었다. 가정 형편은 좋지 못했어도 엄마는 항상 희망을 말씀하셨고, 우리에게 매를 드신 적이 없이 말씀으로 양육하셨다. 그런 엄마와 이제는 신앙을 이야기할 수 있다는 것이 너무 좋았다. 같이 찬송하고 기도

하는 생활을 할 수 있게 된 것이다. 엄마는 노래를 정말 잘하신다. 어려서부터 유행가나 팝송도 너무 잘 부르셔서 엄마만큼 노래를 못하는 것이 아빠를 닮아서 그렇다고 생각했다. 이제 엄마는 교회에서 찬양대를 하신다고 자랑하셨다. 너무 기쁘고 감사한 일이었다.

누구나 어렵고 힘든 일을 만날 때가 있다. 그럴 때 사람들이 나타내는 반응은 참으로 여러 가지이다. 주저앉아 자포자기하는 사람, 분노하고 원망하는 사람, 울고불고 흥분하는 사람, 힘없이 축 처져서 은둔하는 사람. 그러나 또 그런 모습이 어찌 보면 당연한 것이다. 나 또한 하나님이 안 계시거나 나를 사랑하지 않는다고 생각했던 적이 있다. 그러나 오랫동안 신앙생활을 하고 많은 성도님들을 보면서 하나님은 정말 살아 계시고 역사하신다는 사실을 깨달았다. 어렸을 때 겪었던 힘들고 어려웠고 감추고 싶었던 이야기를 적는 이유는 더 기막힌 어려움에 처해 있는 분들에게 어리고 교회에 다닌 지 얼마 되지 않아 성경의 지식도 하나 없던 나에게도 살아 계심을 보여주신 하나님이 여러분에게도 하나님 되심을 이야기하고 싶어서이다. 하나님을 잘 몰라도, 성경을 잘 몰라도, 기도를 유창하게 잘하지 못해도 하나님은 하나님을 찾는 사람에게 찾아가셔서 하나님 됨을 알리시는 분이다.

교회 공동체의 섬김

03

지금은 맞벌이를 안 하는 가정이 드물 정도로 모두가 맞벌이를 하고 여성들이 많이 직업을 갖는 시대가 되어서 구역예배나 속회가 거의 주일예배를 드리고 나서 구역예배(속회)로 모이는 경우가 많다. 그러나 내가 어릴 때는 구역예배(속회)를 평일 오전에 많이 했다. 그리고 금요철야가 저녁 10시에 시작하면 새벽 1~2시까지 기도하거나 어떤 교회는 새벽예배 때까지 기도하고 새벽예배을 드리고 집으로 갈 정도로 기도의 시간이 길었다. 나도 2~3시까지 우리 가정을 위해 기도한 적이 많았다. 그 당시 우리 집이 하나 되지 못하고 엄마와 따로 지내고 있다고 알고 있던 권사님들은 구역예배(속회)에서 우리 가정을 위해 많이 중보기도를 해주셨다. 권사님들은 우리 가정이 화합해서 어린 내가 고생하지 않기를 기도하신 것이다. 물론 철야 시간과 새벽기도회 시간에도 우리 가정을 위해 중보 기도를 해주셨다. 하긴 온 교인이 20명 남짓이었으니, 목사님부터 모르는 분이 없으셨고 안타까운 마음으로 모두 기도해주셨다. 나는 그 기도를 통해 우리 가족이 회복되었다고 믿는다.

또 우리 동네(공덕동)에 중학교 때 친구가 살고 있었다. 그 친구는 중학교 3학년 때 내가 전도했던 친구인데 그 친구 집에도 잘 놀러 갔었다. 그 친구의 언니는 순복음교회를 다니면서 동생을 아무리 전도하려고 해도 안 됐는데 '네가 전도해서 동생이 교회에 다니게 되어 너무 고맙다'고 했다. 그 언니는 내가 너무 힘들어할 거라 생각했는지 기도하자며 나에게 화요일에 순복음교회 철야에 가자고 했다. 내가 다니는 교회에서는 (공덕동 개척교회) 금요일에 철야를 했기 때문에, 나는 금요일이 아니고 화요일에 무슨 철야가 있는지 궁금했다. 그런데 순복음교회는 매일 철야가 있다고 했다. 지금도 그런지는 알 수 없지만, 그때는 순복음교회에는 매일 철야기도가 있었다. 나는 기도하고 싶은 게 많은 때여서 그 언니를 따라갔다.

화요일 철야는 청년철야라고 하며 청년 담당 목사님이 나오셨는데 너무 잘생기셔서 놀랐다. 무슨 목사님이 배우보다도 잘생기시고 헤어스타

일도 단발 비슷한, 그 시대엔 잘 볼 수 없는 스타일이었다. 그러나 말씀이 시작되자 외모와는 다른 카리스마를 가지신 분이었다. 중간중간에 쉬는 시간도 있었지만 화장실을 가고 싶어도 가지 못했다. 앉아 있던 자리로 돌아올 자신이 없었다. 본당도 너무 크고 비슷비슷한 건물들이 많아서 내 자리를 찾아서 올 자신이 없었다.

철야가 시작되자 모두가 이상한 말을 하며 기도하기 시작했고 너무 시끄러웠다. 정신이 하나도 없고 그냥 집에 가고 싶은데 그 언니도 이상한 말을 하며 기도가 끝날 줄 몰랐다. 나는 4시가 넘도록 기도를 하는 것이 아니라 주위 풍경을 신기해하며 구경하고 있었다. 미숙이 언니가 "조금 있으면 새벽예배가 있는데 너희들이 학교를 가야 하니 집에 가자."고 했다. 오는 길에 순복음교회 옆 트럭에서 하는 토스트를 사줬는데 그렇게 맛있는 토스트는 처음 먹어봤다. 그렇게 첫 순복음교회 철야의 기억은 '토스트가 맛있다'로 끝났다.

다음 주에 언니가 철야를 또 가자고 하는데 나는 갈까 말까 망설이고 있었다. 그런데 친구와 미숙이 언니가 "순복음교회 철야를 가자고, 기도해야 하지 않냐"고 나를 끌고 가다시피 데리고 갔다. 두 번째라 그런지 전보다 방언으로 하는 기도 소리가 거슬리지 않았고, 거부감 없이 내 기도를 열심히 할 수 있었다. 그렇게 나는 일주일에 화요일은 순복음교회로, 금요일은 본 교회로 이틀을 철야기도회를 가기 시작했는데 학교 수업이나 일상생활에 지장이 있거나 졸지 않고 잘 생활할 수 있었다.

어찌 보면 가장 힘들 때 사람을 통해 선교회 생활을 할 수 있도록 하나님은 준비하셨다. 어렵고 힘든 모든 것을 잊고 기도에 집중할 수 있도록 하나님께서 역사하신 것 같다. 그리고 내가 다니던 교회에 사찰 언니가 왔다. 여학생이 많던 우리 교회 형편을 생각하셔서 목사님이 특별히 여자분을 구하신 것 같았다. 다른 교회는 보통 남자 집사님들이 사찰로 계셨는데 우리 교회는 중고등부가 모두 16살 여학생으로 이루어져 있다 보니 우리보다 여섯 살 정도 많은 언니가 사찰로 와서 청소도 하고 우리가 가면 반갑게 맞아주며 라면도 끓여주곤 했는데 나에게 너무 친절하게 잘해주었다. 그래서 독산동에 살 때는 철야가 끝나고 집에 가기가 너무 멀어서 부모님께 말하고 언니와 자기도 했다. 언니는 학교에서 온 나에게 저녁도 주고 학교 가기 전에 깨워서 아침을 챙겨주기도 했다.

지금 생각해보면, 그때는 어려서 고맙다는 표현을 잘 못했는데 주위에 나에게 잘해주셨던 많은 분들이 계셨다. 나이 많은 권사님들도 나에게 선생님(주일학교에서 보조 선생님을 하고 있었다.)이라고 깍듯이 부르셨다. 그리고 여름성경학교라도 하면 수박이며 먹을거리를 한아름 가지고 오셔서 먹을 수 있게 해주셨다. 개척교회에 중고등부가 15명이니 엄청난 부흥이었다. 그것도 여자아이들만 있었으니, 엄청 시끄러웠다. 작은 개척교회에서 강원도로 수련회를 다녀오고, 겨울엔 문학의 밤을 준비하는데 열다섯 명이 교회에서 연습을 한다고 매일 밤이 늦도록 연습을 하고 금요기도회에 참석해서 본당을 꽉 채우기도 했다. 각자가 맡은 것을 연습하느라 여념이 없고 복장까지 준비하느라 정신이 없었다. 연극을 준비할 때는 친구 언니가 자기가 다니는 교회도 아니었는데 저녁마다 와서 연습을 시켜줬다. 당연히 주인공은 친구가 되었다. 그래도 아무도 불평이 없었다. 워낙 열정이 넘치는 친구여서 아무도 반발이 없이 잘 연습했고 덕분에 조그마한 개척교회 성탄절은 너무나 풍성했다. 우리는 어른들이 잘했다고 하셔서 그 연극을 아마 서너 번은 더 한 거 같다.

이렇게 교회 행사로 더욱 친해진 우리는 중고등부 때 벌써 철야기도회를 참석하며 뜨겁게 기도했다. 그러던 중 한 친구가 방언을 받는 일이 있었다. 서로 신기하기도 하고 부럽기도 하고, 더 불이 붙어서 금요철야 기도 시간만 되면 방언을 받겠다고 시간 가는 줄 모르고 기도했다. 그러면서 우리는 한 명, 한 명, 방언을 받고 방언으로 기도하게 되었다. 어른들이 이런 모습을 보고 우리를 예뻐해주셨고, 철야기도회에 서로 아픈 사람을 위해 기도하고, 다른 기도가 필요한 기도제목들을 놓고 같이 한마음으로 기도했다. 이 시간을 통해 아픈 사람이 고침을 받기도 하고 기도제목들이 응답받는 귀한 일들이 있었다. 이런 일들을 통해 나는 중보하면 하나님이 응답하심을 알게 되었다. 교회 공동체의 친교와 섬김은 너무도 귀하고 귀한 것이다. 특히나 중보기도의 능력은 역사하는 힘이 크다. 성경에도 중보기도의 힘을 적은 곳이 많이 있다.

"이에 베드로는 옥에 갇혔고 교회는 그를 위하여 간절히 하나님께 기도하더라. 헤롯이 잡아 내려고 하는 그 전날 밤에 베드로가 두 군인 틈에서 두 쇠사슬에 매여 누워 자는데 파수꾼들이 문 밖에서 옥을 지키더니 홀연히 주의 사자가 나타나매 옥중에 광채가 빛나며 또 베드로의 옆구리를 쳐 깨워 이르되 급히 일어나라 하니 쇠사슬이 그 손에서 벗어지더라. 천사가 이르되 띠를 띠고 신을 신으라 하거늘 베드로가 그대로 하니 천사가 또 이르되 겉옷을 입고 따라오라 한데 베드로가 나와서 따라갈새 천사가 하는 것이 생시인 줄 알지 못하고 환상을 보는가 하니라. 이에 첫째와 둘째 파수를 지나 시내로 통한 쇠문에 이르니 문이 저절로 열리는 지라 나와서 한 거리를 지나매 천사가 곧 떠나더라. 이에 베드로가 정신이 들어 이르되 내가 이제야 참으로 주께서 그의 천사를 보내어 나를 헤롯의 손과 유대 백성의 모든 기대에서 벗어나게 하신 줄 알겠노라 하여 깨닫고 마가라 하는 요한의 어머니 마리아의 집에 가니 여러 사람이 거기에 모여 기도하고 있더라."(행 12:5~12)

교회에서 모여 간절히 기도하면 하나님께서 응답해주신다는 것을 성경도 분명히 보여주고 있다. 힘들고 어려운 문제를 만났을 때 혼자 해결하려고 하지 말고 교회 공동체에 알려서 중보를 하는 일은 가장 빠른 해결 방법이다. 교회에 여러 사람이 모여 중보할 때 옥에 갇혔던 베드로도 천사의 도움으로 옥에서 나오면서도 꿈인 줄 알았다고 할 만큼 사람의 방법으로는 할 수 없는 방법으로 하나님이 역사하실 때가 있다.

교회 공동체의 섬김은 이렇게 중요하다. 어린 학생이었지만 온 교회가 사랑으로 감싸고 섬겨주셔서 다시 힘을 내서 신앙인으로, 목회자로 성장할 수 있었다. 그것은 오로지 공동체의 섬김 때문이었다고 말할 수 있다. 그래서 주기도문에도 초입부터 하늘에 계신 나의 아버지가 아니라 하늘에 계신 '우리' 아버지라고 시작하는 것이 아닐까? 나 혼자만의 독자적인 신앙이 아니라 우리 아버지라고 할 수 있는 공동체 신앙을 하나님은 원하시는 것이다.

나의 중심을 보시는 하나님

04

"열 길 물속은 알아도 한 길 사람의 속은 모른다"는 속담이 있다. 열 길
은 24~30m가 된다고 한다. 이렇게 깊은 물속에도 무엇이 있는지 알 수
있는데 한 길은 2.4~3m 정도인데 이 정도도 안 되는 사람의 속마음은
알 수가 없다는 말이다. 그러나 하나님은 사람의 중심을 보신다. 하나님
께서는 새벽기도회와 철야기도회에서 간절히 기도하는 나의 기도를 들
으셨다. 나는 철야기도회 때마다 부르짖어 기도했다. 가정의 화합과 방
언 주시기를 가장 열심히 기도했다. 어느 날 철야기도회에서 기도를 하
는데 혀가 꼬이고 이상한 소리가 나오기에 놀라서 멈췄다. 그러면서 이

게 방언인가 보다 싶었다. 그리고 다시 기도했더니 혀가 꼬이면서 알지 못하는 단어를 말하게 되면서 같은 말이 반복되어 나왔다. 순복음교회 철야기도회에서 들었던 소리 같기도 하고 신기할 따름이었다. 정말 신기하고 놀라운 경험이었다. 금요철야가 끝나고 친구들과 사찰 언니가 내가 방언했다며 나보다 더 좋아해줬다. 나는 그냥 무덤덤했는데 그들이 더 기뻐해주었고 무슨 경사라도 난 것처럼 축하해주었다. 이런 일이 계속되었다. 한 명씩 방언을 받았으니 매주가 축제였다.

철야 때 방언으로 기도하는 고등부 학생들이 많아졌다. 그 후에 전도사님이 우리 고등부를 어둑한 저녁에 삼각산으로 데려갔다. 나무를 하나씩 뽑으라며 나무 앞에 한 명씩 세우고 기도하라고 하셨다. 우리는 무섭기도 하고 또 산 기도를 한다는 떨림으로 그 밤에 산이 떠나가라고 "주여!"를 부르짖었다. 한 시간은 넘게 이쪽저쪽에서 "주여!" 소리가 들려오고 방언으로 뜨겁게 기도하는 소리가 들렸다. 모두가 열정적으로 기도하는 것 같았다.

우리 친구들은 거의 모두 방언으로 기도할 수 있었다. 철야 때 몇 시간씩 기도하며 한 명의 친구가 방언을 받으면 그 다음 주 철야엔 다른 친구가 방언을 받았다. "철이 철을 날카롭게 하는 것같이 사람이 그 친구의 얼굴을 빛나게 하느니라."(잠 27:17) 어찌 보면 신앙생활도 도전정신이나 욕심이 있어야 한다. 방언을 못 받은 친구가 자기도 방언이 받고 싶다고 열심히 기도를 하면 그 친구는 틀림없이 방언을 받았다. 하나님은 우리에게 원하는 것을 주시는 분이다. 누구든 영적인 것을 사모하고 구하면 하나님은 틀림없이 주시는 분이라는 것을 그때 깨달았다. 그리고 삼각산이든 어디든 산으로 기도하러 다닐 수 있었던 그때가 그립다. 산에 올라가 소리를 지르며 기도하는 것이 가능했던 그 시절이 지금도 그립다. 그 시절에 새벽기도회와 철야기도회에서 기도했던 기도는 모두 응답받았다. 우리 가정이 하나가 되었고, 오빠는 건강하게 대학에 입학하였다. 동생들도 엄마의 손길에서 자라났다.

고등학교 1학년 때 주일 설교를 전도사님이 하셨는데 목사님은 한 달에 한 번 오셔서 설교를 해주셨다. 그런데 어느 주일에 오셔서 남편감을 위해서 미리 기도해야 한다고 말씀하셨다. 친구들은 킥킥거리고 웃고 했는데 나는 그 말씀대로 기도하기 시작했다. 그러나 어떤 남편감이 좋은 남편감인지 알지 못해서 '남편 될 사람은 성실하고 착하고 예수 잘 믿고 아버지랑 성격이 반대고, 담배는 절대 피우면 안 된다'고 기도했다. 그것조차도 하나님은 들어주셨다. 성실하고 착하고 담배 안 피우고 예수 잘 믿고, 아버지랑 반대로 말을 많이 잘한다. 그리고 깔끔하고 살림을 너무 잘 도와줘서 얼마나 감사한지 모른다. 하나님은 우리의 기도를 듣고 온전히 들어주시는 분이다.

중고등부의 아름다운 추억이 가득한 교회가 목사님의 사정으로 문을 닫게 되었다. 어릴 적에 있던 일이라서 자세한 내막은 알지 못하지만, 고등부 모두에겐 엄청난 일이었다. 한 친구의 소개로 모두가 개봉동에 있는 교회에 가게 되었다. 그 교회도 개척교회였다. 청년부에 몇 명과 학생부에 몇 명이 있었다. 처음엔 어색했지만 우리 모두는 열심을 내서 활동하기 시작했다.

집에서는 1시간 거리였지만 아침에 6~7시에 일어나 교회에 8시에 가서 담당 반 아이들을 데리고 와서 유치부 아이들을 가르치고 찬양대 연습을 해서 어른들 예배에 찬양대로 봉사하고 점심을 같이 차려서 먹고 치우고 중고등부 예배를 드리고 저녁예배를 드리고 집에 오면 9~10시가 되었다. 거리 때문에 가까운 곳으로 옮긴 친구들도 있었지만, 반 이상의 친구들은 그곳에서 신앙생활을 했다.

1년을 넘게 그 교회에서 봉사하며 열심히 다녔는데 엄마가 고3인데 너무 먼 곳으로 다니지 말고 엄마와 같이 교회에 다니는 것은 어떤지를 물으셨다. 많은 고민을 하고 엄마가 다니시는 교회에 다니게 됐다. '엄마와 함께 신앙생활을 하면 가족 전도가 되지 않을까'해서였다. 이미 오빠는 엄마와 함께 신앙생활을 하고 있었지만, 동생들과 아버지를 전도하고 싶은 까닭이었다. 그러나 아버지는 '교회에 다니는 것들은 다 미쳐서 다니는 것들'이라며 욕을 하셨고 교회에 다니는 것에 반대하셨다. 엄마가 다니는 교회는 세워진 지가 100년이 넘고 성도가 아주 많은 큰 교회였다. 그곳에서는 엄마와 함께 4부 찬양대를 하였다. 고등학교 3학년부터 엄마와 다니던 교회에서 나중에 결혼식까지 하였다. 담임 목사님이 주례를 해주셨는데 아직도 그 말씀을 잊지 못한다.

"아내들이여 남편에게 복종하기를 주께 하듯 하라. 이는 남편이 아내의 머리됨이 그리스도께서 교회의 머리됨과 같음이니 그가 바로 몸의 구주시니라. 그러므로 교회가 그리스도에게 하듯 아내들도 범사에 자기 남편에게 복종할지니라. 남편들아 아내 사랑하기를 그리스도께서 교회를 사랑하시고 그 교회를 위하여 자신을 주심같이 하라. 이는 곧 물로 씻어 말씀으로 깨끗하게 하사 거룩하게 하시고 자기 앞에 영광스러운 교회로 세우사 티나 주름 잡힌 것이나 이런 것들이 없이 거룩하고 흠이 없게 하려 하심이라. 이와 같이 남편들도 자기 아내 사랑하기를 자기 자신과 같이 할지니 자기 아내를 사랑하는 자는 자기를 사랑하는 것이라. 누구든지 언제나 자기 육체를 미워하지 않고 오직 양육하여 보호하기를 그리스도께서 교회에게 함과 같이 하나니 우리는 그 몸의 지체임이라. 그러므로 사람이 부모를 떠나 그의 아내와 합하여 그 둘이 한 육체가 될지니 이 비밀이 크도다. 나는 그리스도와 교회에 대하여 말하노라. 그러나 너희도 각각 자기의 아내 사랑하기를 자신같이 하고 아내도 자기 남편을 존경하라."(엡 5:22~33)

이 말씀을 주셨는데 이 말씀을 깨닫는 데 10년이 걸렸다. 내게 주신 말씀도 그 뜻을 마음에 깊이 깨닫는 데 10년이 걸리는데 무슨 일이든 그 중심에 있는 하나님의 섭리를 깨닫기까지는 시간이 걸리는 것 같다. 그래서 우리는 인내의 시간이 필요하다.

교사를 오래하다 보니 교재를 주중에 보고 아이들을 가르칠 준비를 하는데, 성경의 깊은 지식도 없고, 집에 성경 관련 책도 없다 보니 그저 하나님께 묻고 교재를 또 보고 하는 습관이 생겼다. 성경을 읽다가도 뜻을 알지 못하면 기도하고 성경을 보고, 기도하고 하는 습관이 굳은 것이다. 그래서 에베소서 말씀도 처음 들었을 때는 '성경에 축복의 말씀이 그리도 많은데 결혼식에서 복종을 말씀하실까?' 하는 생각이 들었다. 그리고 다시 읽었을 때는 너무 오래전에 번역을 하시는 분이 '자녀들아 순종하라 하고 아내들이여 복종하라.' 하고 바꿔서 썼나 보다 했다. 물론 나의 억지 생각이지만 말이다. 순종까지는 어찌 양보해보겠는데 20대의 나는 복종이 왠지 굴욕적이라고 생각했다. 같은 인격체이고 남녀평등인데 복종하라니 성경 말씀이지만 따를 수 없었다.

세월도 흐르고 성경을 열 번쯤 읽었을 때였을 것이다. 이 말씀을 읽는데 가슴이 뜨거워졌다. 다른 말씀은 '아멘.' 하며 읽는데 이 구절에서 항상 '아멘.' 하지 못하는 나에게 하나님은 예수 그리스도의 사랑을 내가 가슴 깊이 느끼게 하셨다. 복종에만 걸려 다른 것이 눈에 들어오지 않았는데 그날은 복종보다 "그리스도께서 교회를 사랑하시고 그 교회를 위하여 자신을 주심같이"가 눈에 들어왔다. 그냥 사랑이 아니고 십자가에 내어주신 사랑, 그것이 사랑이라고 말씀하셨다. 그 사랑에 비교하니 복종이 갑자기 아무 것도 아니게 느껴졌다. 사랑하는 사람에게 죽음의 복종을 내리진 않겠지? 감당할 수 있는 정도만 하라고 하겠지? 그러나 만약의 경우에 어쩔 수 없는 경우에 사랑은 희생하는 것이, 생명을 내어주는 것이 사랑이구나. 사랑은 희생과 책임을 동반하지만, 복종은 그 정도의 것은 아니겠구나. 갑자기 복종에 목숨 걸던 내가 너무도 부족하고 미련한 사람임을 깊이 깨닫고 회개를 하게 되는 순간이었다. 이렇게 하나님은 부족한 내게 언제나 말씀으로 깨닫게 하시고 나의 부족함을 어루만지신다.

가정이 어려워져도, 교회에 문제가 생겨서 실족할 수 있는 순간에도 나의 마음은 하나님 앞에서 떠난 적이 없었고 또한 교회의 활동을 쉰 적도 거의 없었다. 17세에 교사로 봉사한 후에 교사로 섬기는 것을 전도사가 되기 전까지 쉰 적이 없다. 나는 16세에 친구를 통해 하나님을 만난 후에 친구들과 즐겁고 기쁜 일들도 많았고, 가정의 어려움 때문에 힘들고 슬픈 일도 있었지만, 한 번도 하나님을 떠나지 않았다. 한번 믿기로 한 하나님을 의지하고 따르며 지금까지 지내왔다. 하나님은 그 사람의 중심을 보신다.

"여호와께서 사무엘에게 이르시되 그의 용모와 키를 보지 말라 내가 이미 그를 버렸노라. 내가 보는 것은 사람과 같지 아니하니 사람은 외모를 보거니와 나 여호와는 중심을 보느니라 하시더라."(삼상 16:7)

이 말씀에서 보듯이 하나님께서는 사람처럼 외모와 겉의 자격을 보지 않으신다. 하나님이 하나님의 사람에게 자격을 두셨다면 우리가 하나님의 자녀가 될 수 있었을까? 우리의 중심을 보시는 하나님께 정말 항상 감사하고 또 감사하다.

항상 함께하시는 하나님

05

어떤 일을 할 때 혼자 하는 것보다 함께 하는 것이 좋다. "백지장도 맞들면 낫다."라는 속담이 있다. 아무리 쉬운 일이라도 서로 힘을 합치면 훨씬 낫다는 말이다. 그래서 학생들도 집에서 공부하는 것보다 도서관에 가거나 스터디카페를 가면 공부가 더 잘된다. 신앙생활도 혼자서 할 수 있지만 교회 공동체를 이룰 때 더욱 신앙이 성숙해진다.

고등학교를 졸업하고 제법 규모가 있는 인쇄사 영업부에 직원으로 취직이 되었다. 집에 수입원이 엄마 혼자였다가 이제 내가 엄마를 조금이나마 돕게 되어서 좋았다. 오빠는 재수 중이었고 동생들은 고등학생, 중학생이라서 엄마와 나의 수입으로는 부족했지만 말이다. 나의 첫 회사였던 인쇄사는 공장과 사무실로 건물이 나뉘어 있었고, 공장 쪽에는 인쇄 관련 기술자들이 30~40명이 넘게 있었고, 사무실 쪽에는 총무부와 경리과, 무역과, 영업부가 있었다. 나는 영업부 직원들을 돕는 업무를 맡았는데 영업 직원이 열다섯 명 정도 되었다. 그 영업 직원 한 명이 맡아서 관리하는 회사가 각각 열 군데가 넘다 보니 그 회사를 다 외우고 그 회사에서 맡긴 작업의 진행을 다 알아야 해서 외울 것이 많았다. 그래도 총무과와 경리과 쪽은 야근이 많았는데 나는 퇴근을 정시에 할 수 있어서 좋았다. 그리고 처음에 거래처와 해야 할 일을 외우는 것이 조금 힘들었지만 금방 익숙해졌다.

영업부는 출근해서 회의를 하면 모두가 외근을 나가기 때문에 낮엔 혼자 있을 수 있는 여유가 있었다. 성경도 읽을 수 있고, 찬송도 흥얼거릴 수 있어서 너무 좋았다. 남편은 그때 총무과에서 무역일과 회계 업무를 했는데 경리과는 항상 너구리굴처럼 담배를 피우는 사람들이 많았다. 차장님, 과장님, 계장님이 모두 담배를 피우셨다. 물론 영업부도 모두 담배를 피웠지만 외근 중에 피우니, 얼마나 다행이든지. 이렇게 나의 첫 직장은 힘들기도 했지만 남편을 만난 추억의 장소가 되었다. 그때나 지금이나 사무실에 출근은 항상 내가 1등이었다. 가끔 총무과에서 일하는 남편이 1등인 적도 있었다. 이렇게 둘이 서로 1~2등을 다투며 출근을 했다. 남편은 회사에서 유일하게 담배를 피우지 않는 남자였다. 그러던 어느 날부터 남편이 큰 사이즈의 성경책을 들고 회사에 다녔다. 지금 생각하면 다른 사람들 시선이 신경 쓰였을 법한데 잘 들고 다녔다. 난 그냥 교회에 다니는가보다 정도로 생각했다. 그 후에 업무적으로 물어볼 것이 있어서 "이렇게 해도 되는 건가요?" 하고 물어보니, "아멘." 하는 게 아닌가. 나는 정말로 교회에 열심히 다니시는 분인가 보다 했다. 항상 잘해주고 도움을 받다 보니 어느새 사귀는 사이가 됐다. 이렇게 남편과는 사내 커플로 만나다가 결혼까지 하게 되었다. 그런데 사귀면서 알게 된 것은 중학교 다닐 때 미션스쿨을 다녔고 학교에 주보를 가져가야 해서 다닌 정도가 전부였다고 했다.

그러나 나를 만나고는 같이 교회를 다녔다. 내가 다니는 교회에 주일마다 와서 예배를 함께 드렸다. 예배를 드리고 같이 영화를 보기도 하고, 여기저기 돌아다녔다. 집과 교회밖에 모르던 나는 영화를 보는 것도 재미있고, 다방(지금은 카페라고 하지만 그땐 다방이었다.)마다 거리마다 사람이 그렇게 많은지 몰랐다. 명동이나 남대문도 주일에 사람이 어찌나 많던지, 주일에는 어디를 가본 적이 없어서 모든 게 신기하기만 했다. 그러던 어느 주일에 남편이 친구를 소개해주고 싶은데 주일 일찍 가자고 했다. 나는 안 된다고 주일예배를 드려야 한다고 해야지 하는 마음과 친구들이 궁금하기도 한 마음이 치열하게 싸우고 있었다. 그러나 자꾸 한 번만 가자고 하는데 마음이 약해졌다. 교회를 다니기 시작하고 처음 있는 일이었다. 남편의 친구들은 학교 친구 한 명과 군대 친구, 군대 친구의 친구들로 이루어져 있었고 재미있고 유쾌한 모임이었다. 친구의 애인들도 있어서 7~8명의 모임이었는데 시간 가는 줄 모르고 웃고 떠들다가 왔다. 친구들이 다음에 또 만나자고 하며 헤어졌다.

엄마랑 같이 다니는 교회에서 나는 청년예배에 다닌 것이 아니고 4부예배에 엄마와 함께 다녔기에 내가 빠졌다고 연락이 온다거나 챙기는 사람은 없었다. 주일예배를 빠져도 티가 나지 않았다. 나도 주일예배를 빠지고 마음이 편하지 않았지만, 아무 일도 일어나지 않았다. 처음엔 왠지 안 좋은 일이 생길 것 같고, 뒤로 넘어져도 코가 깨지는 일이 생길 것 같아 마음이 불편했는데 하루하루 아무 일 없이 잘 넘어갔다. 자주는 아니지만 가끔 주일 예배를 빠지는 일들이 생겼다. 남편의 친구들과 산으로 들로 놀러가는 일이 가끔 생겼다. 신앙생활을 하지 않던 남편의 삶에 모든 스케줄을 나에게만 맞추라고 할 수는 없었다. 그러다 보니 가끔 주일을 빠지는 일이 생겼다. 하지만 그럴 때면 마음이 편치가 않았다.

그래도 한 달에 한 번씩 모이는 남편의 친구 모임에 따라가며 산에도 가고, 독립기념관도 가면서 세상의 여러 곳을 가보게 되었다. 자연이 주는 즐거움을 처음으로 알게 되었다. 하나님이 지으신 모든 것이 너무 아름답고 즐거웠다. 그날이 주일만 아니면 얼마나 좋았을까? 그런데 직장인들은 주일이 아니면 또 시간을 낼 수도 없어서, 그것이 안타까웠다. 그때는 주 6일을 일하기 때문에 방법이 없는 것이 안타까운 일이었다. 주일을 어기게 되면 마음이 편하지 않아서 수요예배와 금요기도회에 가서 더욱 간절히 기도했다. 주일을 지킬 수 있게 해달라고 말이다. 그러나 한 달에 한 번 있는 모임을 가기로 한 약속을 깨기도 어려웠다. 삶에 이런 두 가지 길에서 결단하지 못하는 경우가 많다. 어떤 것이 지혜로운 것인지 항상 하나님께 묻게 된다. 나는 그 당시에 남편에게 너무 꽉 막힌 사람, 광신자 같은 사람으로 보이지 않고 싶었던 것 같다.

하나님은 내가 고등학교 시절에 가끔씩 하던 남편감을 위한 기도를 들으시고 착하고 성실하며 담배도 안 피우는 사람을 만나게 하셨다. 철없는 나는 가끔 주일을 어기고 놀러 다녔어도 하나님은 언제나 나와 함께하시고 보살펴주셨다. 성경 말씀 "너희에게는 머리털까지 다 세신 바 되었나니"(마 10:30)에 하나님은 우리의 머리털까지도 세셨다고 하신다. 우리의 모든 것을 아신다는 것이다. 우리가 우리를 아는 것보다도 하나님은 우리를 세밀하게 아시며 필요로 하는 것도 다 알고 계신다. 그래서 하나님은 내가 기도한 모든 것에 응답하실 뿐 아니라 그보다 더한 것으로 응답하셔서 나에게 가장 맞는 짝을 허락하셨다. '신앙이 나보다 더 좋고 주일을 잘 지키고, 성경의 지식이 더 좋은 사람을 만나게 하셨으면 좋으련만.' 하고 생각한 적이 있었다. 그러나 하나님은 내게 필요한 삶의 연단과 고난까지도 생각하시고 남편을 만나게 해주셨다는 것을 난 훗날에야 알게 되었다.

"여호와여 주께서 나를 살펴보셨으므로 나를 아시나이다. 주께서 내가 앉고 일어섬을 아시고 멀리서도 나의 생각을 밝히 아시오며 나의 모든 길과 내가 눕는 것을 살펴 보셨으므로 나의 모든 행위를 익히 아시오니 여호와여 내 혀의 말을 알지 못하시는 것이 하나도 없으시나이다. 주께서 나의 앞뒤를 둘러싸시고 내게 안수하셨나이다. 이 지식이 내게 너무 기이하니 높아서 내가 능히 미치지 못하나이다. 내가 주의 영을 떠나 어디로 가며 주의 앞에서 어디로 피하리이까. 내가 하늘에 올라갈지라도 거기 계시며 스올에 내 자리를 펼지라도 거기 계시나이다. 내가 새벽 날개를 치며 바다 끝에 가서 거주할지라도 거기서도 주의 손이 나를 인도하시며 주의 오른손이 나를 붙드시리이다. 내가 혹시 말하기를 흑암이 반드시 나를 덮고 나를 두른 빛은 밤이 되리라 할지라도 주에게서는 흑암이 숨기지 못하며 밤이 낮과 같이 비추이나니 주에게는 흑암과 빛이 같음이니이다. 주께서 내 내장을 지으시며 나의 모태에서 나를 만드셨나이다. 내가 주께 감사하옴은 나를 지으심이 심히 기묘하심이라 주께서 하시는 일이 기이함을 내 영혼이 잘 아나이다. 내가 은밀한 데서 지음을 받고 땅의 깊은 곳에서 기이하게 지음을 받은 때에 나의 형체가 주의 앞에 숨겨지지 못하였나이다. 내 형질이 이루어지기 전에 주의 눈이 보셨으며 나를 위하여 정한 날이 하루도 되기 전에 주의 책에 다 기록되었나이다."(시 139:1~16)

이 말씀을 보면 하나님께서는 나의 모든 행실을 아시며 어디에 있든지 아신다고 하신다. 또한 시편의 139편 8절 말씀처럼 우리 모두는 하나님의 시선에서 벗어날 수 없음을 알 수 있다. 시편 139편 13절 말씀에서는 주께서 내 내장을 지으시며 나의 모태에서 나를 만드셨다고 하신다. 우리를 만들었다는 말씀이고 우리의 타고난 성격을 아신다는 뜻이다. 그럼에도 우리는 때로 '모르시겠지.' 하고 생각하거나 하나님의 시선을 피해 도망치려고 할 때가 있다. 이런 모든 것이 아무 소용이 없는 일이라는 것이다. 하늘에도 계시고 땅 깊은 곳에도 계시는 하나님은 항상 나와 함께하시고 나의 마음을 굽어 살펴보신다. 이런 하나님이 항상 나와 함께하심을 잊지 말아야 하겠다.

포기하지 않으시는 하나님

06

남편과 사귀는 2년 동안 교회에 같이 다닌다고 하면서 사실은 놀러 다니는 것에 열심이었다. 처음으로 내 이야기에 귀 기울여주고, 내가 기뻐하면 같이 기뻐하고, 내가 슬퍼하면 같이 슬퍼해주는 나의 편이 생긴 것 같았다. 내가 해달라고 하는 것은 모두 해줄 것 같은 동지를 만난 것으로 생각했다. 남편을 만나며 나는 고등학교 시절 남편감을 위해 기도했던 내용이 모두 응답되는 것 같아 하나님께 감사드리고 또 감사드렸다. 그렇게 좋은 것만 계속될 것 같았는데 남편이 옮긴 회사에서 해외로 발령이 났다. 당연히 다녀와야 하는 과정이었다. 건설회사여서 사우디 쪽으로 가야 했고 혼자 가야 하는 일이었다. 나는 다녀와서 결혼하자는 쪽이었고 남편은 결혼하고 가고 싶어 했다. 남편은 아버지를 공략했고, 아버지도 남자가 가는 길에 마음을 편하게 해주자며 결혼을 승낙하셨다. 남편과 다니던 교회에서 결혼식을 했다. 그렇게 결혼식을 하고 네 달 정도 후에 남편은 해외로 가고, 남편이 없는 상황에서 첫아이를 출산했다. 아이가 생기니 교회에 가는 것에 어려움이 생겼다. 날씨가 안 좋은 날에는 교회에 가기가 더욱 어려웠다. 시댁은 기독교 가정이 아니었고 어머니는 교회 다니는 걸 못마땅해하셔서 눈치가 보였다. 비가 오면 이런 날씨에 애를 데리고 어딜 가냐고 하셨다.

직장 생활만 하던 나는 살림도 서툴고 애를 키우는 일은 더 서툴러서 언제나 진땀을 흘려야 했다. 고등학교 다니는 시동생과 수선집을 하시는 어머니와 갓난아이, 살림이 나에겐 버겁기만 했다. 아침 6시에 일어나서 시동생의 도시락을 싸고 어머니가 시장에 나가시기 전에 아침을 차리고 또 집을 치우고 빨래를 하는 일이 힘에 부쳤다. 아이는 잠투정이 너무 심해서 계속 안아주지 않으면 울어대서 모든 일을 한꺼번에 한 적이 없다. 설거지를 하려고 하면 울고, 빨래를 하려고 하면 울고, 저녁엔 자지 않고 보채고, 저녁마다 내가 우는 날이 많아졌다. 잠을 제대로 자보는 것이 소원이었다. 아이의 기저귀와 시동생의 청바지(그땐 복장이 자율화였다.)와 여러 빨래가 너무도 하기가 힘들었다. 그래서 어머니께 세탁기를 사야겠다고 말씀드렸다. 그랬더니 그날 저녁에 어머니는 방망이를 사오셨다. 방망이로 두드려서 빨라고 하셨다. 나는 서울 출신이라서 그런지 몰라도 방망이로 빨래를 두들겨서 빠는 것을 본 적이 없었다. 친정이 어려워도 세탁기로 빨래를 했기 때문에 방망이로 빨래를 해야 한다고 생각조차 해본 적이 없었다.

일찍 시집가서 사랑받는 줄 아는 엄마나 친구들, 누구에게도 이런 이야기를 할 곳은 없었다. 아무도 없는 낮에 아이를 안고 기도했다. "하나님, 너무하십니다. 너무도 힘들고 지칩니다. 내가 하나님의 자녀가 아니었으면 벌써 나가버렸을 겁니다." 한탄도 하고 투정도 하고 하나님 앞에 울며 기도했다. 그럴 때마다 주님은 32세에 혼자된 어머니를 긍휼히 여기라는 마음만 주셨다. 그래서 어머니의 말을 거역하기도 어려웠다. 그래도 날씨가 좋은 날에는 어머니가 일하러 나가신 후에 교회로 발걸음을 재촉해서 주일을 지키려고 애썼다. 거의 1년이 지나 남편이 휴가를 나와서는 내게 왜 이리 말랐냐며 안쓰러워했다. 잠도 제대로 못 자고 살림을 혼자 했으니 살이 빠질 수밖에 없었다.

그 후에 남편이 해외에서 돌아오고 분가를 하게 되었다. 당연하게 교회가 가까운 마포로 이사를 하게 되었고, 주일을 잘 지킬 수 있을 것이라고 생각했는데 그렇지 못했다. 이제 두 아이의 엄마가 된 나는 한 아이가 화장실에 가고 싶다고 하고, 또 다른 아이가 화장실에 가고 싶다고 하면 예배 시간이 끝났다. 그리고 예배 중간에 들어가는 것도 누가 뭐라는 것도 아닌데 왜 이리 눈치가 보이던지….

그리고 그때 다니던 교회는 100년이 넘는 전통이 있는 교회이다 보니 어르신들이 많았고, 나 같은 아기 엄마가 별로 보이지가 않았다. 지금은 유아부와 자모실이 잘 되어 있지만, 그때는 따로 시설이 되어 있는 곳이 드물었다. 그러던 중에 친구가 자기 교회에 부흥회를 한다고 오라고 전화가 왔다. 아이들을 데리고 무슨 부흥회냐고 했는데 친구가 그래도 오라고 성화였다. 정말 오랜만에 들어보는 부흥회라는 말에 나는 택시를 타고 연희동으로 갔다. 아이들 때문에 부흥회는 잘 생각이 나지 않는데 교회가 아담하고(전에 교회가 커서 그렇게 느낀 것이지 작은 교회가 아니었다.) 예쁜 교회였고 자모실이 있었다. 바로 그 주일부터 남편을 설득해서 연희동에 있는 교회로 출석을 했다. 주일에만 교회에 가는 것이 아니고 다른 예배도 가고 싶어서 연희동으로 아예 이사를 했다.

그때부터 주일예배뿐만 아니라 수요예배, 금요철야예배, 구역예배까지 다시 학창시절의 신앙을 회복하려고 애쓰기 시작했다. 새벽기도회에는 맨 앞자리에 앉아서 예배를 드렸는데 어떤 키가 큰 여자 분이 나를 쳐다보았다. '왜 그러지?' 하고 생각하다가 내가 앉은 자리가 저분의 자리인 것 같다는 생각이 들었다. 그러나 나는 자리를 양보하고 싶은 생각이 들지 않았다. 먼저 온 사람이 앉는 것이라는 생각이 들었다. 그래서 다음 날은 더 일찍 갔다. 그 자리에 앉아서 새벽기도회를 하고 싶어서였다. 둘째 날부터 나를 쳐다보시지는 않았다. 많은 날이 지난 후 그분이 집사님이라는 것을 알았고, 집사님은 나에게 양보한 것이라고 하셔서 같이 웃을 수 있을 만큼 친해졌다.

그곳에서 나는 신앙을 회복해나갔다. 다시 교사를 시작했고, 모든 예배에 참석했다. 금요철야기도회에 참석할 때마다 찬양으로 말씀으로 기도로 회복시켜주셨다. 금요철야 기도회는 10시에 시작해서 찬양하고 목사님 말씀하시고 12시에 티타임을 갖고 12시 30분에 찬양하고 기도하고, 찬양하고 기도하고, 각자의 기도를 하고 마치는 순서였다. 보통은 새벽 2시 30분에서 3시 정도에 끝난다. 그런데 어느 날 기도를 하고 눈을 떴는데 열 명이 채 안 되게 남아 있었다.

난 모두가 갈 때까지 기도하고 싶은 욕심이 생겼다. '금요철야기도회에는 내가 제일 늦게까지 기도하는 사람이 되어야겠다.'라는 마음이 생긴 것이다. 그래서 금요철야기도회만 되면 방언으로 끝까지 기도했다. 남편에게 허락을 받고 다녔던 금요철야기도회였는데 남편이 3시가 안 되어 오던 사람이 4시가 되어 오니 왜 늦느냐며 화를 냈다. 주일예배에 가던 사람이라서 축도를 마치면 끝나는 것으로 아니 자유롭게 기도하다가 마치는 것에 대해 알지 못했다. 이걸 뭐라고 말해야 할지 난감했다. 설명해도 무슨 말인지를 이해하지 못했다. 그런데 금요철야기도회에 선교회별로 하는 찬양의 시간이 생겼다. 남편 선교회에서 찬양을 하는 주가 되었다. 남편은 내켜하지 않았지만, 선교회의 권유로 교회에 와서 특송을 하였다. 나는 속으로 신이 났다. 남편도 이제 금요철야기도회에 같이 올 수 있겠다는 생각에 너무 좋아라 하고 있었다. 그런데 좋은 일이 있으면 나쁜 일도 있는 것일까? 남편이랑 같이 금요철야 기도회를 갈 수 있어 좋았는데 다른 사람들은 끝나고 나오는데 왜 안 나오냐며 빨리빨리 기도를 끝내라고 했다. 나는 기다리지 말고 먼저 가라고 했지만 항상 같이 가자며 기도하고 있는 나를 흔들었다. 어떤 날은 차라리 혼자 가는 것이 더 좋겠다고 생각한 날도 있다. 그러나 그 후로 나 혼자 갔다가 늦은 날에도 늦게 왔다고 뭐라고 하지 않았다. 감사하게 실컷 기도할 수 있는 날들이었다.

"그러므로 내가 말하노니 하나님이 자기 백성을 버리셨느냐 그럴 수 없느니라 나도 이스라엘인이요 아브라함의 씨에서 난 자요 베냐민 지파라 하나님이 그 미리 아신 자기 백성을 버리지 아니하셨나니 너희가 성경이 엘리야를 가리켜 말한 것을 알지 못하느냐 그가 이스라엘을 하나님께 고발하되 주여 그들이 주의 선지자들을 죽였으며 주의 제단들을 헐어

버렸고 나만 남았는데 내 목숨도 찾나이다 하니 그에게 하신 대답이 무엇이냐 내가 나를 위하여 바알에게 무릎을 꿇지 아니한 사람 칠천 명을 남겨 두었다 하셨으니 그런즉 이와 같이 지금도 은혜로 택하심을 따라 남은 자가 있느니라."(롬 11:1~5)

5절 말씀처럼 하나님은 자기 백성을 버리지 않으신다. 엘리야는 자기 혼자 바알에 무릎 꿇지 않고 혼자 고군분투를 하는 것 같아 보였지만 그렇지 않았다. 바알에게 무릎 꿇지 않은 자가 7,000명이나 된다고 하나님은 말씀하신다. 이처럼 나 혼자 힘들고 어려운 삶을 사는 것 같지만 내가 몰라서 그렇지 주위에 나보다 더 힘들게 하나님을 믿기 위해 애쓰는 사람들이 있다는 것이다. 하나님은 하나님의 사람들을 포기하지 않으신다. 자의로든 타의로든 주일을 지키지 않고 세상의 즐거움을 따라 살아가더라도 하나님은 그렇게 살도록 내버려두지 않으시고 자기의 백성을 찾으시고 회복의 때를 주시는 분이다.

나는 하나님을 만난 후 삶이 달라졌다

07

　하나님을 만나고 삶이 변화되었다는 이야기는 너무도 많이 들어왔다. 기독교 방송에서도 책에서도 그리고 성경에서도 예수님의 부르심을 받은 제자들의 삶이나, 질병으로 고통받던 사람들에게 예수님이 찾아가셔서 병을 고쳐주심으로 그들의 삶이 변화되는 것을 봐서 알고 있다. 그런 예수님이 나에게도 중학교 시절 찾아오셨다. 하루하루를 의미 없이 살던 내게 찾아와주시고 신앙의 길로 인도하셨다.

　나는 하나님을 만나고 전적으로 하나님의 사람으로 살고 있다고 생각했다. 그런데 다른 날과 다름없이 그날도 금요철야기도회에서 마음껏 기도하던 날이었다. 기도 중에 하나님께서 환상을 보여주셨다. 서양의 어느 부잣집 거실이 보였다. 바닥에 카펫이 깔려 있고 부모님의 손이 보였다. 박수를 치며 아이의 걸음마를 격려하고 있었다. 박수 소리를 들으며 고급스런 원피스를 입은 아기가 간신히 걸음마를 떼고 있었다. 뒤뚱거리며 걷다가 넘어지기도 하고 일어서서 다시 걸어오는 아이에게 부모님의 손은 아낌없이 박수를 치며 잘한다고 격려하고 있었다. 그때 하나님의 음성이 들렸다.

"내가 너를 이렇게 예뻐하고 즐거워했는데 너는 어디를 갔다 왔느냐?"

나는 생각했다. '난 어디를 간 적이 없는데, 주일을 어긴 적은 있지만, 그래도 대부분 주일을 지키고 있었는데….' 마음에 궁금증을 안고 나는 집으로 돌아왔다. 집으로 돌아온 후에도 그 환상과 하나님의 음성은 계속 내 마음에 남아 있었다. 그래서 그 후에 그 환상을 가지고 기도했다.

"하나님, 제게 무엇을 말씀하려고 하십니까? 알려주세요."

한참을 기도 후에 나는 깨달을 수 있었다. 처음 하나님을 믿었을 때의 그 진실한 마음으로 주일 예배를 드리지 않았던 날이 많았다는 것을, 아이들을 데리고 화장실을 갔다가 교회 계단에 앉아서 예배가 끝나고 남편이 나오기를 기다리던 모습도 떠올랐다. 그것은 하나님이 받으시는 예배가 아니었다. 마음은 간절하게 예배를 드리고 싶은데 아이들 때문에 어쩔 수 없이 계단에 앉아 있던 것은 예배자의 모습으로 앉아 있던 것이 아니었다. 사실은 그 계단에서 아이들하고 있는 것이 차라리 예배드리는 것보다 좋았던 나의 마음을 하나님은 알고 계셨던 것이다. 그리고 학창시절의 어떤 모습을 하나님이 기뻐하셨는지를 알려주셨다. 어떤 것보다 하나님께 나아가기를, 헌신하기를 원했던 모습을 하나님은 기뻐하셨음을 알려주셨다. 그리고 오빠가 아파서 119에 실려서 병원으로 가던 새벽에 교회에 가서 기도했던 내용을 기억나게 하셨다. 정말로 10년이 넘어 새까맣게 잊고 있던 내용을 너무도 선명하게 생각나게 하셨다. 하나님은 오빠를 살려주면 내 생명을 바쳐 주를 위해 일하겠다고 했던 그 기도에 대해 "내가 들었다."라고 하셨다.

그 후에도 금요철야기도회에 열심히 참석을 했는데 기도회에서는 첫 번째는 나라와 민족을 위해서, 두 번째는 교회를 위해서, 세 번째는 환우를 위해서, 네 번째는 가정을 위해서, 마지막으로 각자의 기도를 하다가 집으로 돌아가는 순서로 기도를 한다. 내가 어려서 다니던 개척교회에서도 이런 순서로 기도를 했다. 나는 중학교 3학년 겨울방학쯤에 방언을 받아서 방언으로 기도하면 1시간 이상을 기도할 수 있었지만 고등학교 1학년 때 교회에서 학생회장을 하면서 대표로 기도할 일이 많이 있었다. 그래서 내가 혼자 만든 노트가 있었는데 그 후로 하지 않았던 기도 노트를 다시 써보기로 했다. 어디서 배운 것이 아니고 내가 만들어서 좋았다고 느꼈던 거라서 누구에게 가르치거나 말해본 적이 없었다. 그러나 내가 신학을 공부하고 전도사 사역을 하면서 기도를 짧게 하는 것에 답답함을 느끼는 성도가 많다는 것을 알고 이 방법을 말씀드렸을 때 모두가 좋아하셨다.

스프링 노트를 사서 속지 첫 장에 '나라를 위하여'라고 쓰고 4~5장을 넘기고 '교회를 위하여'라고 쓰고 또 4~5장을 넘긴 후에 '가정을 위하여'라고 쓴다. 그리고 역시 4~5장을 넘기고 자기가 속해 있는 곳이나 기도하고 싶은 부분을 쓰고 몇 장을 남기는 작업을 한다. 그리고 다시 첫 장으로 와서 '나라를 위하여'라고 쓴 아래에 예를 들어 '평화통일이 되기를'이라고 썼다면 서너 칸을 내려와서 '대통령을 위하여'라고 쓰고 생각이 나지 않으면 '교회를 위하여'라고 쓴 장으로 와서 예를 들어서 '담임목사님을 위하여'라고 쓰고 서너 줄 밑에 '부목사님을 위하여'라고 쓰고 생각이 나지 않으면 '가정을 위해서'라고 쓴 장으로 가서 예를 들어 '아버지를 위하여'라고 쓰고, 서너 줄 내려서 '엄마를 위하여'라고 쓴다. 하루하루 생각날 때마다 채워나간다.

처음엔 글을 쓴 것을 보고 읽는다. 그리고 끝에 '예수님 이름으로 기도합니다 아멘.'이라고 한다. 시간이 흐를수록 내용이 많아지고 구체적으로 내용이 변하게 되고 몇 줄밖에 안 되던 기도의 내용이 어느새 한 페이지씩 빽빽해져서 서너 페이지가 되면 이것만도 20~30분의 기도가 된다. 처음엔 눈을 뜨고 읽어 내려가던 기도가 어느새 눈을 감고 소리를 내면서 기도하게 되면, 이전에 5분도 기도하지 못하던 때와 다른 성령의 역사하심을 느끼게 된다. 많은 사람들이 나에게 하나님의 음성을 어찌 들으시냐고 묻다가 "전도사님이라서 그렇지요."라고 한다. 그렇지 않다. 다른 분들이 전도사가 아니라서 음성을 듣지 못하는 것이 아니라 하나님이 말씀하실 새도 없이 눈을 뜨기 때문이라고 말하고 싶다.

이렇게 기도 노트를 만들면 기도가 풍성해지고 길게 할 수 있음도 유익이지만 놓치기 쉬운 세밀한 기도까지 생각이 나고 할 수 있게 되는 것이 더욱 큰 은혜라고 생각한다. 이 시절이 나는 하나님과 가장 긴밀하게 기도하며 많은 은사체험을 할 때였다. 금요철야기도회에 가면 자연스럽게 구역 식구들끼리 같이 앉게 된다. 하루는 금요철야기도회에서 마지막 순서인 개인 기도 시간이 되어서 방언으로 기도하고 있는데 구역장님의 애써 기도하는 방언 소리가 들렸다. 왠지 그 기도 소리가 참으로 힘들게 들렸고, 우리 구역 식구 중에 어려움에 처해 있던 집사님을 위해 기도한다는 마음이 들었다. 다른 기도를 하고 있던 나는 그 집사님을 위해 기도하기 시작했다. 그 형편과 처지를 생각하니 내 마음이 아프고 슬퍼졌다.

그래서 더 간절히 그 집사님을 위해 기도했다. 그 후에 교회에서 매주 목요일에 전도를 나가는 전도대를 위해 중보기도를 하고 있었다. 전도하러 가는 분이 계셨고, 남아서 그들이 전도할 때 하나님이 도와주시기를 중보하며 교회에서 기도하는 팀이 있었는데 나는 그날 중보로 남아 있었다. 같이 권사님 한 분과 기도를 하고 있었다. 그 권사님도 나도 방언으로 기도하고 있었는데 권사님의 기도가 내 귀에 들렸다. 연희동 일대에 악한 영들이 전도대를 방해하지 못하게 하시고 복음을 말할 때 성령님이 역사하셔서 그 영혼들이 교회로 올 수 있도록 해달라고 기도하셨다. 나는 그분이 방언으로 기도했는지 그냥 우리말로 기도했는지 순간 헷갈렸지만, 물어보진 않았다.

그 후에 우리 여선교회 집사님 한 분이 경제적으로 너무 어려움에 처해 있어서 계속 기도하고 있었다. 하루는 그 집에 우유가 떨어졌다는 마음을 주셨다. 그래서 우유를 사다주면 우유가 떨어져서 어쩌나 하고 있었다고 했다. 그리고 어떤 날은 고기를 사다주게 하셨다. 그 가정을 위해 금요철야에서 그 집사님을 위해 기도를 하고 있는데 예수님이 그 집사님집 안방에서 집사님이 우는 걸 지켜보시는 환상이 보였다. 그리고 갑자기 내가 그 집사님이 된 것처럼 눈물이 펑펑 쏟아졌다. 갑자기 죽고 싶다는 생각이 들었다. '감당할 수 없어서 죽고 싶다. 아이들은 어쩌지?'라는 생각이 들었을 때, 그 집사님의 방에서 집사님을 바라보며 예수님이 눈물을 흘리셨다. 다음 날 교회에서 그 집사님을 우연히 만나게 됐다. 둘만 있게 돼서 내가 집사님의 손을 잡고 "집사님, 죽고 싶다는 생각하면 안 돼요. 예수님이 보시고 마음 아파하셨어요."라고 말하자 집사님은 뛸 듯이 놀라며 어찌 알았냐고 자신이 어제 너무 죽고 싶다고 생각하고 있었다고 했다. 그 후에 같이 기도하며 어려움을 이겨내고 조금씩 신앙적으로도 경제적으로 상황이 많이 나아졌다. 이런 경험들을 이야기하자면 너무도 많다.

나는 어려서 몸이 허약하고 정신이 예민해서 남을 배려하기보다는 내 몸 하나 건사하기도 힘에 부쳤다. 그래서 약간 짜증스럽고 개인주의적인 사람이었다. 그러던 중 하나님을 만나고 다른 사람을 위해 시간을 내서 기도하고 같이 마음으로 아파하고 돕는 사람으로 새로 태어나게 하셨다.

"예수께서 여리고로 들어가 지나가시더라. 삭개오라 이름하는 자가 있으니 세리장이요 또한 부자라 그가 예수께서 어떠한 사람인가 하여 보고자 하되 키가 작고 사람이 많아 할 수 없어 앞으로 달려가서 보기 위하여 돌무화과나무에 올라가니 이는 예수께서 그리로 지나가시게 됨이러라 예수께서 그곳에 이르사 쳐다보시고 이르시되 삭개오야 속히 내려오라 내가 오늘 네 집에 유하여야 하겠다 하시니 급히 내려와 즐거워하며 영접하거늘 뭇 사람이 보고 수근거려 이르되 저가 죄인의 집에 유하러 들어갔도다 하더라 삭개오가 서서 주께 여짜오되 주여 보시옵소서. 내 소유의 절반을 가난한 자들에게 주겠사오며 만일 누구의 것을 속여 빼앗은 일이 있으면 네 갑절이나 갚겠나이다. 예수께서 이르시되 오늘 구원이 이 집에 이르렀으니 이 사람도 아브라함의 자손임이로다. 인자가 온 것은 잃어버린 자를 찾아 구원하려 함이니라."(눅 19:1~10)

이 말씀에서 삭개오는 예수님을 만난 후 본인이 가장 귀하게 여겼던 재산의 절반을 가난한 자에게 나눠주고, 속여 빼앗은 것이 있으면 네 배로 갚겠다고 한다. 자신이 귀하게 여기던 것을 포기하겠다고 말하고 있는 것이다. 하나님을 만나면 가치관이 변한다. 전에 소중하게 여겼던 모든 것을 배설물로 여긴다는 바울처럼 말이다. 내가 지금도 하나님보다 더 중요하게 여기는 것이 있다면 하나님을 제대로 만난 것인지? 예수 그리스도를 인격적으로 만난 것인지? 다시 한번 재확인할 필요가 있는 것이다. 하나님을 만나면 삶의 기준이 변하고 나에게 중요했던 것에서 하나님이 중요하게 생각하시는 것이 무엇인지에 집중하게 된다.

고통 중에 찾아오신 하나님

08

우리는 하나님을 잘 믿고 신앙생활을 잘하면 어렵고 힘든 일을 만나지 않을 줄로 안다. 그러나 그렇지가 않다. 신앙생활을 해도 힘들고 어려운 일을 만나기도 한다. 요셉처럼, 욥처럼. 나에게도 그런 일이 학창시절에도 있었고 아이들의 엄마가 되어서도 계속되었다. 하나님이 서원한 것을 갚으라고 말씀을 주셨을 그때도 경제적으로 넉넉하지 않은 데다가 아이들이 5세, 2세로 너무 어렸었다. 그런데 금요철야기도회를 가서 기도를 하면 계속 하나님은 나에게 서원한 것을 갚기를 원하셨다. 생명을 바쳐 일하겠다고 서원한 것은 생각이 났지만, 그 생명을 바쳐 일하는 것이 무엇인지 내 머리로는 생각이 나지 않았다. 다시 기도가 시작됐다. 내 생명을 바쳐 주를 위해 일하겠다는 것을 들으셨다는 뜻이 무엇일까? 교사로 헌신하는 걸까? 집사로? 무엇으로 열심히 일해야 하는 것일까? 그러던 어느 날 갑자기 신학 공부를 하라는 마음을 주셨다. 작은애가 두 돌이 안 되었을 때였다. 나는 집안에서 처음으로 교회에 다니고 하나님을 믿어서 집안이나 주변에 신학 공부한 사람도 없었고 주의 일을 하는 사역자도 없었다. 갑자기 겁이 났다. 어린아이 둘을 데리고 공부를 어찌할 수 있을까? 남편이나 시댁에서도 반대할 거야. 안 되는 것만 생각이 났다. 친정 조차도 엄마만 교회를 다니시는 상황이었다.

나는 요나처럼 하나님의 뜻을 거역하고 도망치고 싶었다. 내가 신학 공부를 해야 한다는 것에, 사역자로 일해야 한다는 것에 순종할 수가 없었다. 내가 전도사가 된다는 것은 있을 수 없는 일이었다. 기도할 때도 "아버지, 주의 종은 결혼하지 않은 젊은 청년들에게 하라고 하세요. 어린아이가 둘이나 딸린 아줌마에게 이러시면 안 됩니다." 계속 하나님께 아뢰며 하나님이 뜻을 거두시기만을 기도했다. 남편이 외국에 있을 때에 살림에 도움이 되고자 미용사 자격증을 따 놨고, 연희동으로 이사하기 전에 아이들을 맡기고 미용실에서 일을 했다. 그래서 실력도 부족하면서 미용실을 개업했다. 연희동을 떠나 마포에 미용실을 차리고 살림집도 미용실 근처로 옮겼다. 정말 바보처럼 미용실이 피난처가 되어줄 것이라 생각했다. 힘들게 자격증 따고 미용실에서 직원으로 일하며 배운 것이 아깝기도 하고, 하나님이 이해해주실 것이라고 생각했다. 지금 생각하면 어떻게 그런 말도 안 되는 생각을 했을까 싶은데 그땐 내 생각이 그 정도였다. 미용실은 너무 잘됐다. 아이들을 어린이집에 보내려면 6시에는 일어나야 했다. 씻기고 먹이고 집을 정리하고 어린이집에 보냈다. 빨래를 미용실로 가져가서 세탁기를 돌리며 미용실을 청소했다. 9시가 안 되어 집에 가서 빨래를 널고 다시 미용실로 가서 오픈을 했다. 손님들로 인해 첫 끼를 오후 5시, 6시, 7시쯤 먹었다. 거의 매일….

그래서인지 미용실을 개업한 지 1년 정도 지나서 몸이 너무 아팠다. 병원에서는 몸살이라고 하는데, 나는 몸을 움직일 수가 없었다. 머리에서 발끝까지 온몸을 송곳으로 찌르는 것만 같았다. 첫째 날은 남편이 병원에 가보라며 걱정하면서 출근을 했다. 둘째 날은 아직도 아프냐고 짜증을 내며 출근을 했다. 나도 첫째 날은 빨리 털고 일어나서 남편과 아이들을 챙기고 미용실을 열어야 하는데 걱정이 됐다. 셋째 날이 되니 남편이나 아이들 걱정보다 온몸이 너무 아프다 보니 하나님이 빨리 데려가시면 좋겠다는 생각을 했다.

나는 벽을 보고 누워 있는데 한쪽 어깨와 팔이 저렸다. 그래도 반대편으로 몸이 돌아누울 힘이 나지를 않았다. 머리에서 발끝까지 송곳으로 찌르는 것 같은 고통은 그대로였다. 나는 벽을 보며 울며 기도했다. 살려달라고, 살려주시면 주님의 뜻대로 살겠으니 살려주셔서 아이들을 챙길수 있게 해달라고 기도했다. 너무 몸이 아파서 잠을 못 잤는데 졸리기 시작했다. 자고 나면 다 괜찮을 것만 같은 느낌을 들었다. 그렇게 한참을 자고 눈을 뜨니 낮에 잠이 들었는데 깨어보니 어둑해져 있었다. 아픈 동안 잠도 제대로 자지 못했는데 한참을 자고 일어나니 정말로 몸이 아프지도 않고 깨질 듯이 아팠던 머리도 아무렇지도 않았다. 하나님의 살아계심을 다시 한 번 경험하는 날이었다. 그 후에 몸이 괜찮아졌는데도 미용실에서 다시 일하기가 싫어졌다. 일을 하면 몸이 다시 아플 것만 같았다. 그래서 집 앞에 작은 교회에 가서 미용실이 빨리 나가게 해달라고 새벽기도회를 출석했다.

교회는 개척교회인 것 같았고 지하에 의자가 몇 개 안 되는 교회였다. 비가 오면 천장에서 물이 새서 양동이를 가져다 놓고 새벽기도회를 하는 열악한 상황이었다. 나는 그 교회에 새벽마다 나가서 미용실이 빨리 나가게 해달라고 기도했다. 대출금을 갚을 수 있는 금액으로 빨리 나가면 여기 개척교회에 감사헌금을 하겠다고 기도했다. 미용실은 다행히 금방 나갔다. 권리금과 보증금으로 받은 금액이 대출을 받은 금액에 딱 맞는 금액으로 계약이 됐다. 대출금을 갚고 다시 연희동으로 이사를 했다. 그 당시에 남편도 직장을 옮기려고 하는 중이라 수입이 없어서 애를 먹고 있는데 남편도 연희동으로 이사하고 바로 취직이 되었다.

첫 월급을 가져와서 갚아야 할 것도 있고 했는데, 기도하다가 마포에서 새벽예배 때 기도했던 감사헌금이 생각이 났다. 적은 금액이 아니었고, 우리 한 달 정도 사용할 수 있는 생활비라서 헌금 봉투를 들고 마포까지 가면서 많은 갈등이 일어났다. 그냥 집으로 돌아갈까, 조금 더 있다가 헌금하면 안 되나, 많은 생각과 갈등을 안고 교회까지 갔다. 조용히 교회 지하로 내려가 헌금함에 넣고 와야겠다는 생각으로 헌금함을 찾았는데 헌금함이 없었다. 할 수 없이 1층으로 올라와서 두리번거리는데 집사님 한 분이 어떻게 왔냐고 물으셨다. 나는 헌금함이 없어서 그냥 올라왔다고 하니 사모님이 계시다며 사모님을 모시고 왔다. 사모님께 자초지종을 말씀드렸더니 조금 있으면 목사님이 오신다고 기다리자고 하는데 나는 얼른 사모님께 드리고 집으로 돌아왔다. 돌아오는 길에 마음이 얼마나 가볍고 기쁘든지 가는 길에 고민한 것이 후회가 될 정도로 날아갈 것만 같았다.

이렇게 하나님은 내게 서원을 지켰을 때 주시는 기쁨이 무엇인지까지 알려주시려고 하셨는데 내게 신학 공부는 이것보다 몇십 배, 몇백 배, 무겁게 여겨졌나 보다. 안 하겠다고 기도하지 않았지만, 아이들을 키워놓고, 학비 걱정 안 되게 벌어놓고 가겠다고 자꾸 미루는 시간이 길어졌다.

그런데 얼마 지나지 않아 IMF 경제 위기가 닥쳤다. 남편은 회사의 어려움으로 실직을 했다. 난 그때 하나님 앞에 후회를 했다. 차라리 공부를 하라고 하실 때 할 걸 그랬다. 이제는 정말 먹고살 것이 걱정이었다. 내가 다시 미용실에 취직해서 일을 했지만 그것으로는 살아가기가 너무 힘들었다. 남편은 시누이가 대전에서 대형마트를 하고 있으니 거기서 일을 같이 해야겠다며 대전의 시누이 집으로 이사를 하자고 했다. 그렇게 대전으로 가서 남편은 마트에서 일을 하고 나는 집에서 살림을 도왔는데 시누이 집에 아이는 셋이었다. 막내가 돌이 지나지 않아서 업고 일을 해야 했다. 식사와 빨래를 해야 했는데 일하는 사람들이 교대로 식사를 하고 아이들 다섯 명을 먹여야 해서 하루 세끼를 세 번 차려야 했다. 하루에 9번의 식사를 준비하는 것이 주된 일이었다.

나는 처음부터 다른 건 몰라도 주일예배는 참석해야 한다고 말했다. 시누이는 '맘대로 하라'고 했었는데 주일도 갈 시간이 나지를 않았다. 나는 내가 가고자 하면 갈 수 있는 곳이 교회라고 생각했다. 그런데 가고 싶어도 갈 수 없는 곳이라는 걸 그때 뼈저리게 느낄 수 있었다. 수요예배 시간과 주일예배 시간이 되면 나도 모르게 눈물이 났다. 너무도 예배를 드리고 싶어서 교회로 가고 싶은데 갈 수가 없어서 견딜 수가 없었다. 남편과도 다툼이 잦아졌다. 남편은 안 되겠다 싶었는지 다시 이사를 하자고 했다. 그래서 이번에는 어머니를 전도한다는 이유로 시댁 근처인 신당동으로 이사를 했다. 그러나 어머니를 전도하려는 이유보다 교회를 옮기게 되면 주일예배만 드리고 다른 예배는 가지 않으려는 이유였다.

하나님은 깊이 기도하면 서원을 갚으라는 마음을 주셔서 나의 마음에 고통을 주시는 것으로 생각했다. 그러나 시댁에서 가장 가까운 교회에 목사님은 너무도 재미있게 은혜가 되게 말씀을 전하셔서 이번에는 나보다 남편이 은혜를 받기 시작했다. 그리고 속회도 남편이 적극 참여했고, 속회 조직이 튼튼해서 우리 속장님도 우리 집까지 와서 속회를 하고, 대충 몰래 다닐 수 있는 분위기가 아니었다. 남편이 먼저 금요기도회를 가자고 할 정도였다. 대심방을 오신 신당동 교회의 담임목사님이 내 이름을 누가 지었냐고 물으시며 은혜의 원천이니 교회에서 살아야겠다고 하셨다. 이제 하나님은 순종하지 않는 내게 목사님을 통해서도 교회에서 살아야 한다고 말씀해주시는 것 같았다. 하나님을 피할 수 있는 곳이 있다고 생각한 내가 정말 바보 같다는 것을 알게 되었다.

"요나가 여호와의 얼굴을 피하려고 일어나 다시스로 도망하려하여 욥바로 내려갔더니 마침 다시스로 가는 배를 만난지라 여호와의 얼굴을 피하여 그들과 함께 다시스로 가려고 배삯을 주고 배에 올랐더라. 여호와께서 큰 바람을 바다 위에 내리시매 바다 가운데에 큰 폭풍이 일어나 배가 거의 깨지게 된지라."(욘 1:3~4)

이 말씀처럼 나는 하나님의 얼굴을 피하려 도망 다니고 하나님은 큰 바람을 주시는 것이 반복되었다는 것을 나중에야 알게 되었다.

"요나가 물고기 뱃속에서 그의 하나님 여호와께 기도하여… 여호와께서 그 물고기에게 말씀하시매 요나를 육지에 토하니라."(욘 2:1, 10)

요나서 2장 1, 10절 말씀처럼 불순종한 요나의 기도에도 하나님은 자비로움으로 응답하신 것처럼 이 부족한 사람에게도 응답하셨다. 고통은 자신의 잘못으로 찾아올 수도 있고, 하나님께서 계획이 있으셔서 주실 수도 있다. 그러나 어떤 고통 가운데 있더라도 하나님은 직접 찾아오셔서 우리에게 피할 길을 알려주신다. 우리에게 들을 귀만 있다면 말이다.

예수님의 부활이 나의 부활이 되다

09

　나는 하나님을 믿는다 하면서도 하나님의 능력을 의지하기보단 나의 형편을 바라보며 '할 수 없다'는 생각을 가지고 있었다. 그러기에 하나님은 내가 환상으로, 음성으로 다른 사람의 입을 통해 주의 일을 하라고 그리도 말씀하셨지만, 하루하루 살기에 급급했다. 그러던 어느 날 병원 원무과에서 일하시던 삼촌이 우리 가정이 어렵다는 소식을 들으셨는지, 나에게 병원 입원 환자들을 위해 식사를 해서 먹을 수 있도록 전자렌지 몇 대를 설치해놓은 10층 취사실 관리하는 일을 하라고 연락이 왔다. 출근이 조금 이르지만 퇴근이 빠르고 주일과 공휴일을 쉴 수 있었다. 그리고 미용실에서 받던 월급보다 급여도 높았고, 일도 너무 수월해서 아침과 점심 때 조금 바쁘고 나머지 시간은 여유가 있었다. 여유 시간에는 성경도 볼 수 있었다. 어느 날 병원 바로 앞에 교회가 있어서 점심시간에 둘러보러 갔다가 교회 정문 바로 옆에 있는 기도실을 발견했다. 환우들의 보호자들이 가서 기도하라고 교회에서 일부러 만들어놓은 듯했다. 바닥에서 기도할 수 있도록 장판이 깔려 있었다. 나는 그 기도실을 발견한 이후에 점심 식사를 미리하고 점심시간 한 시간을 기도해야겠다고 결심했다. 근무를 하면서 기도 시간을 가지게 되어서 너무 좋았다.

나는 매일 아침에 출근하는 것이 다른 어느 곳에서 일할 때보다 신이 났다. 점심시간에 교회 기도실로 기도하러 간다는 것이 나를 신나게 했다. 병원 앞 교회로 기도하러 가기 시작한 지 일주일쯤 지났을 때 기도하다가 하나님이 우연히 이곳으로 보낸 것이 아니라는 생각이 들었다. 삼촌과 내가 친하게 지내거나 자주 연락하던 사이도 아닌데 처음 연락해서 병원에 와서 일을 도와달라는 것이었다. 거기에 하나님의 강한 역사하심이 있었다는 생각이 들었다. 그래서 하나님께 여쭤봤다.

"하나님 아버지, 그냥 말씀해주세요. 이곳으로 보내신 이유가 있으신 것 같은데 말씀하시면 제가 듣겠습니다. 어떤 이유로 이곳으로 보내셨나요?"

분명히 이유가 있어서 보내셨다는 마음을 주셨는데 이유에 대한 설명은 없으셨고 나는 매일 점심시간을 이용해서 한 시간 기도하는 것이 습관이 되었다. 하루 중 그 시간이 제일 행복한 시간이었다.

여느 날과 마찬가지로 바쁘게 움직이던 날이다. 점심에 한 시간을 온전히 기도에 집중하려면 아침에 모든 일을 깔끔히 마쳐야 한다는 생각에 기도를 시작한 이후로는 출근하자마자 취사실 청소부터 전자렌지를 깔끔히 닦아놓고 정리정돈을 빨리빨리 해놓았다. 오가는 시간까지 계산해서 1시간 10분 정도를 마련하려면 그만큼의 부지런함이 필요했다. 내가 병원에서 일한 지 얼마 안 됐을 때였다.

10층엔 중환자실과 입원실 몇 개와 취사실이 있는데 간호사들이 "환자분, 보호자분 병실로 들어가세요. 문 닫고 병실로 들어가세요." 하고 다녔다. 난 환자도 보호자도 아니니 궁금한 마음에 내다봤다. 중환자실에서 사망한 환자가 엘리베이터를 이용해서 장례식장이 있는 지하로 이동하기 위해서였다. 나중에 뭐 그렇게까지 해야 하냐고 물었더니 환자와 보호자가 동요하고 낙심하기 때문에 그렇게 한다고 했다. 나도 흰 시트를 머리까지 씌운 시신이 엘리베이터로 이동하는 것을 보는 것이 썩 마음에 좋지 않아서 다음부터는 간호사들의 음성을 듣게 되면 내다보지 않게 되었다. 그러던 어느 날, 아침부터 간호사가 환자분들과 보호자분들은 병실로 들어가 달라는 말을 하고 다녔다. 나는 바쁘게 정리정돈을 하느라 바빴는데 점심시간도 안 되었을 때 요양보호사 두 분이 취사실에서 설거지를 하며 "오늘은 무슨 일이래? 일주일에 세 명도 많은데, 오늘은 오전에 세 명이나 돌아가셨대."라고 이야기했다. 나는 별 관심사가 아니어서 내가 해야 할 일을 서둘러 마치고 병원 앞에 있는 교회로 갔다.

기도실에 문을 열고 들어가 신발을 벗고 무릎을 꿇었다. 그런데 그날은 무릎을 꿇자마자 눈물이 흘렀다. 기도도 시작하기 전에, 어떤 생각을 시작하기도 전에 갑자기 눈물이 줄줄 흘렀다. 그리고 하나님이 말씀하셨다.

"너 거기 들어가봐야 알겠니?"

하나님이 말씀하지 않아도 거기가 어디인지 마음으로 깨달았다. 거기는 중환자실을 말씀하시는 거였다. 나는 갑자기 전에 미용실을 할 때 아팠던 3일이 생각이 났고, 그때 송곳으로 온몸이 찌르는 것 같았던 감각이 생각이 났다. 그리고 이번의 이 부르심이 세 번째라는 생각이 스쳐지나갔다. 미용실을 할 때 아팠던 것과 IMF 이후 경제적으로 너무 어려웠던 것과 이번에 말씀하심까지 세 번째라는 생각이 들었다. 나는 철야기도회 때 하나님이 환상을 보여주신 다음부터 기도 때마다 하나님께 가족에게 아무 일도 일어나지 않기를, 나의 일은 나에게 말씀하시기를 계속 기도했다.

'이번에 순종하지 않으면 정말 중환자실에 들어갈 수 있겠구나.' 그러나 중환자실에 가거나 죽는 것이 두려운 것이 아니라 또 온몸이 아플 수 있다는 생각을 하니 소름이 돋았다. 그래서 하나님께 세 가지 기도를 했다.

"하나님, 나이가 들어서 하는 공부이니 4년 동안 휴학하지 않고 졸업하게 해주세요. 학비 때문에, 차비 때문에 울지 않게 해주세요. 남편이 혼자 버는 수입이 둘이 버는 것보다 많게 해주세요."

이렇게 기도를 하는데 하나님께서 주시는 확신과 기쁨과 만족함은 말로 할 수 없는 것이었다. 그야말로 하늘로부터 내려오는 평안을 허락하셨다. 세상에 말로 표현할 수 없는 일이 많겠지만 당시의 기쁨과 평안은 정말 어떤 언어로도 설명할 길이 없었다. 그때까지의 걱정과 염려가 너무도 시간 낭비이고 헛된 것이었음을 알게 되었다. 모든 것을 하나님께 맡기지 못한 내가 한심하고 또 한심했다. 지금 당장 신학대학에 갈 학비가 준비된 것도 아니었고, 남편의 직장이 확실해진 것도 아니었다. 그러나 그 어느 것도 걱정되지 않았고, 대학 학비, 아이들과 살아갈 일이 걱정이 되지 않았다.

그때가 6월 말쯤이었으니 신학대학을 가려면 학비도 준비해야 하고 이때 상황으론 연말까지 다녀도 되었는데 나는 당장 그만두어도 하나님이 먹여 살리실 거라는 마음이 너무도 확실하게 들었다.

그래서 바로 그만두고 여름성경학교 강습회를 가고, 여름성경학교 준비를 했다. 지금이야 컴퓨터로 프린트하고 하지만, 그때는 차트를 쓰고 그리고 오리고 손으로 할 일이 너무도 많았다. 교육전도사님은 그해에 오셨기에 설교 준비만 하시라고 하고 내가 프로그램도 짜고 시간마다 담당 선생님도 정하고 교육관에서 살다시피 했더니, 지나가던 중고등부 전도사님께서 중고등부에 와서 피부 강의 좀 해달라고 하셨다. 요즘 애들이 화장하는 애들이 있는데 피부를 위해서 화장은 나중에 해도 된다는 것을 은근히 강조하는 내용으로 부탁하셨다. 물놀이를 마친 시간이어서 팩을 붙인 상태로 한 시간 강의를 하기도 했다. 초등부 여름성경학교가 7월 하순이었는데 중고등부 수련회는 8월 초였다. 그런데 청년부에서 농어촌의료선교를 가려고 했는데 농어촌의료미용선교로 가고 싶다고 같이 가자고 했다. 청년부 농어촌의료미용선교 날짜가 8월 중순이었다.

사실 집에 수입원이 없는 것과 같은 형편이었다. 7월 한 달이야 쉬어도 되지만, 8월까지는 도저히 안 되는 상황이었고 이전의 나라면 이런 상황에서 초, 중, 고, 청년 여름행사를 다 잡아놓고 마음 편하게 있는 성격이 되질 못했다. 그런데 하나님께 맡기고 가는 일이라 생각하니 걱정과 근심이 모두 사라졌다. 초등부 여름성경학교를 마치고, 중고등부 수련회 준비를 하고, 중고등부 수련회를 다녀오고, 청년부 수련회를 준비하고, 청년부 수련회에 다녀왔다. 8월에 접어들면서 걱정이 하나도 없다고 하면 거짓말일 것이다. 내가 처한 상황과 처지를 생각하면 걱정도 됐지만 틀림없이 하나님께서 다른 길을 열어주실 거라는 확신이 있었다.

청년부 농어촌의료미용선교를 다녀오니 남편이 몹시 흥분하며 내게 말을 했다. 어떤 회사에 재정 담당 이사로 스카우트되었다는 것이다. 지금까지 남편이 다녔던 어떤 곳보다 좋은 조건으로 일하게 되었다고 했다. 정말로 둘이 아등바등 벌었던 금액보다 높은 월급이었다. 나는 그때 깨닫게 되었다. 내가 나를 믿고 하는 일은 하나님이 하시는 일보다 몇 갑절 힘들지만, 받을 수 있는 것은 얼마가 되지 못하다는 것을 말이다.

"안식 후 첫날 일찍이 아직 어두울 때에 막달라 마리아가 무덤에 와서 돌이 무덤에서 옮겨진 것을 보고 시몬 베드로와 예수께서 사랑하시던 그 다른 제자에게 달려가서 말하되 사람들이 주님을 무덤에서 가져다가 어디 두었는지 우리가 알지 못하겠다 하니 베드로와 그 다른 제자가 나가서 무덤으로 갈새 둘이 같이 달음질하더니 그 다른 제자가 베드로보다 더 빨리 달려가서 먼저 무덤에 이르러 구부려 세마포 놓인 것을 보았으나 들어가지는 아니하였더니 시몬 베드로는 따라와서 무덤에 들어가 보니 세마포가 놓였고 또 머리를 쌌던 수건은 세마포와 함께 놓이지 않고 딴 곳에 쌌던 대로 놓여 있더라. 그때에야 무덤에 먼저 갔던 그 다른 제자도 들어가 보고 믿더라. (그들은 성경에 그가 죽은 자 가운데서 다시 살아나야 하리라 하신 말씀을 아직 알지 못하더라) 이에 두 제자가 자기들의 집으로 돌아가니라."(요 20:1~10)

이 말씀을 보면 막달라 마리아와 제자들은 예수님이 죽은 후에 3일 만에 살아날 것이라는 말씀을 예수님으로부터 직접 들었다. 그러나 여인들이나, 무덤으로 달려가는 두 제자나 예수님의 부활을 기억한 것이 아니었다. 제자들은 여인들의 말을 확인하기 위해 무덤에 갔을 뿐인 것이다. 나도 마찬가지였다. 성경에서 보았고 예배 설교에서 목사님께 들었지만, 예수 그리스도의 부활이 나의 부활이 되지 못하고 "이 잔을 내게서 지나가게 하옵소서."라는 기도에 멈춰 있었는데 주님은 앞으로 도무지 나가지 못하는 내게 찾아오셔서 에수님의 부활이 나의 부활됨을 알려주셨다.

The Gift of GOD

2장

오늘 아침은
일상 속에서
감사하자

미움은 미움으로, 감사는 감사로 돌아온다

01

　누군가를 미워한다는 것은 참으로 고통스러운 것이다. 미움을 조절하지 못하면 요즘 뉴스에 나오는 묻지마 폭행으로까지 이어지게 된다. 여자 친구와 헤어진 것을 다른 대상에게 화풀이를 하게 되는 것이다. 이것은 극단적인 예를 든 것일 수 있지만 누구를 미워한다는 것은 나를 고통스럽게 한다. 나는 어려서부터 아버지를 미워했다. 어렸을 때 내 눈에 비친 아버지는 경제적으로 무능했고, 가정에 무관심했다. 엄마는 항상 경제적인 부분을 감당하기 위해 바빴고 남에게 돈을 꾸러 다니기도 하는 모습에 아버지를 미워하게 되었다. 밖에선 호인이셨는지 모르지만, 집에

선 우리가 있는데도 담배를 자주 피우셨고 무능력하셨다. 하고 싶은 것이 많던 시절, 깔끔한 옷과 신발, 참고서를 사고 싶고 학원에 다니고 싶던 시절, 꿈이 많던 그 시절에 아버지를 무척 미워했던 것 같다. 그래서 남편은 아버지와 모든 것이 반대인 사람을 만나는 것이 기도의 제목이었고 그 기도를 하나님은 들어주셨다. 그런데 참 아이러니하게도 남편과 아버지는 반대인 것 같으면서도 또 같은 모습을 가지고 있다. 반대인 것은 남편이 담배를 안 피우는 것과 말을 안 하시던 아버지와는 반대로 말을 많이 한다는 것, 성실하고 집안일을 잘 도와준다는 것이다. 그러나 이외에는 비슷한 점이 참으로 많다. 권위적인 것, 식성, 하다못해 띠까지 같다. 아버지나 남편이나 아들과 잘 지내지 못하는 것도 똑같다. 미움은 미움으로 돌아오는가 보다.

그래서인지 권태기가 찾아왔을 때, 그냥 너무 보기가 싫었다. 이래서 부부들이 '이혼을 하는구나.' 하고 이혼이 이해가 갈 정도였다. 그러나 크리스천이면서 그런 이유로 이혼한다는 것은 있을 수 없고 아이들을 생각해서 기도를 했다. 그가 바뀌든지 내가 바뀌든지 양단간에 해결해주시기를 기도했다.

시간이 지나도 아무도 바뀌지는 않았다. 그런 기도를 드릴 때쯤 나의 결혼식에서 주례 목사님이 주신 말씀이 새롭게 해석되었다. 1장에 언급했던 에베소서 말씀이다.

"아내들이여 남편에게 복종하기를 주께 하듯 하라. 이는 남편이 아내의 머리됨이 그리스도께서 교회의 머리됨과 같음이니 그가 바로 몸의 구주시니라. 그러므로 교회가 그리스도에게 하듯 아내들도 범사에 자기 남편에게 복종할지니라. 남편들아 아내 사랑하기를 그리스도께서 교회를 사랑하시고 그 교회를 위하여 자신을 주심같이 하라. 이는 곧 물로 씻어 말씀으로 깨끗하게 하사 거룩하게 하시고 자기 앞에 영광스러운 교회로 세우사 티나 주름 잡힌 것이나 이런 것들이 없이 거룩하고 흠이 없게 하려 하심이라. 이와 같이 남편들도 자기 아내 사랑하기를 자기 자신과 같이 할지니 자기 아내를 사랑하는 자는 자기를 사랑하는 것이라. 누구든지 언제나 자기 육체를 미워하지 않고 오직 양육하여 보호하기를 그리스도께서 교회에게 함과 같이 하나니 우리는 그 몸의 지체임이라. 그러므로 사람이 부모를 떠나 그의 아내와 합하여 그 둘이 한 육체가 될지니 이 비밀이 크도다. 나는 그리스도와 교회에 대하여 말하노라. 그러나 너희도 각각 자기의 아내 사랑하기를 자신같이 하고 아내도 자기 남편을 존경하라."(깨달음에 대한 내용은 1장 '나의 중심을 보시는 하나님'에 기록되어 있다.)

이 말씀을 새롭게 해석하면서 또 다른 한편으로는 부부는 서로 인정하는 것이지 바뀌기를 바라거나 강요하는 것이 아니라는 마음을 주셨다. 남편의 단점을 보고 불평하고 미워하는 것이 아니라 그 모습 그대로 인정해야 한다는 생각을 하나님이 주셨다. 하나님도 내 모습 그대로를 사랑하시는데 내가 어찌 남편을 평가하고 불평할 수 있단 말인가? 그 후로 미워하거나 싸우지 않은 것은 아니다. 그러나 그런 일이 있을 때마다 다시 기도하며 말씀을 기억해보게 된다.

신학교를 다닐 때가 내 인생에서 가장 시간적으로 여유가 있었던 때이다. 수업이 끝나는 시간이 매일 달랐지만 가장 늦게 오는 날도 집에 오면 6시 정도였다. 그래서 항상 교회에 가서 한 시간씩 기도를 했다. 신학교 가기 전에는 항상 바쁘게 사느라 예배 시간에 빨리 갔다가 빨리 오기 바빴는데 처음으로 예배시간이 아닌 시간에 가서 기도를 할 수 있는 것이 얼마나 좋든지 매일 기도를 하러 갔다.

하루는 같은 여선교회 집사님에게 이상한 이야기를 듣게 됐다. 내가 일하느라 선교회 모임에 못 가게 되면 회비를 대신 부탁하기도 하고 교회에 관련된 소식을 전해 듣는 동갑내기 집사님이 있었다. 우리 집에 오면 일하면서, 아이들 키우면서 정말 대단하다고 칭찬 일색이었던 집사님이 같은 여선교회 집사님에게는 나에 대해 좋지 않게 이야기를 해서 그런 줄만 알았는데 교사를 같이 하고 이야기를 해보니 전혀 그렇지 않은데 오해를 해서 미안하다고 했다.

선교회에 내가 나가지 못하면 일하느라고 같이 못 왔다고 말하는 것이 아니고 그 사람은 원래 약속은 안 지킨다고 하고 일한다고 집이고 아이고 난리고, 부부싸움을 하면 칼부림이 난다고 했다는 것이다. 그래서 교회에서는 무척 다정해 보이지만 집에서는 싸움질만 하고 사는 줄 알았다는 것이다. 그런데 친해지고 보니 부부 사이도 좋은데 이상하다고 생각하다가 그 집사님이 하는 말이 거짓이라는 것을 알게 되어 미안하다는 거였다. 그동안 거짓을 말한 집사님을 위해 기도하고 그 가정에 필요한 것을 사다 나른 것이 정말 바보 같다는 생각이 들었다.

그 이야기를 듣고 다음 날부터 하나님께 기도를 할 때 "하나님, 이제 바보같이 살지 않을래요. 사람들이 제게 오지랖이 넓다고 해도 오 리를 가자고 하면 십 리를 간다는 마음으로 살았어요. 그런데 하나님의 사랑을 실천하며 살아도 이런 일을 당하니 이제는 필요한 이야기만 하고 살겠어요. 깍쟁이 같아 보여도요."라고 기도했다. 기도하는데 정말 기가 막히고 그 집사님이 너무 미워서 눈물이 멈추지 않고 흘렀다. 집에 와서 남편에게 칼부림이 뭐냐고 물었다. 난 어려서부터 부모님에게 맞아본 적이 없는데 칼부림이 뭔지가 궁금했다. 남편은 왜 그러냐며 꼬치꼬치 물었다. 그리고 칼부림은 칼을 가지고 싸우는 것이라고 했다. 우리 집은 칼을 주방에서만 사용한다. 그리고 과일 칼은 과일을 깎을 때만 사용한다. 도저히 그런 단어를 우리 가정에 사용했다는 것이 용서가 안 되었다.

그렇게 교회에 가서 그 사람을 용서할 수 없음에 대해 하나님이 벌주시기를 바라고 기도한 지 일주일쯤 되었을 때 하나님이 내게 말씀하셨다. "난 네가 그래서 좋다." 나도 모르게 통곡이 나왔다. '그래. 하나님이 내가 바보라서 좋다고 하시는데 바보로 살자.' 이렇게 마음을 먹으니 '그 집사님이 얼마나 우리가 부러웠으면 그랬을까?'라고 생각하기로 했다. 그렇게 생각하니 미움이 감사가 됐다.

우리 가정이 경제적으로 그렇게 넉넉하지는 않았지만 나는 IMF로 실직하여 낙심하고 있는 남편에게 평소 하고 싶다던 컴퓨터에 관련된 여러 가지 프로그램을 배우는 시간을 가지라고 하였고, 남편이 좋은 곳에 취직하여 경제적으로 나아졌을 때 남편은 나에게 신학을 공부하게 해주었다. 이것은 감사를 감사로 갚은 것이 되었다.

"삼가 누가 누구에게든지 악으로 악을 갚지 말게 하고 서로 대하든지 모든 사람을 대하든지 항상 선을 따르라. 항상 기뻐하라. 쉬지 말고 기도하라. 범사에 감사하라. 이것이 그리스도 예수 안에서 너희를 향하신 하나님의 뜻이니라. 성령을 소멸하지 말며 예언을 멸시하지 말고 범사에 헤아려 좋은 것을 취하고 악은 어떤 모양이라도 버리라."(살전 5:15~22)

이 말씀에서도 악으로 악을 갚지 말라고 하셨다. 미움을 미움으로 갚지 말라는 말씀이다. 항상 선을 따르라고 하신다. 나의 힘으로 할 수 없기에 하나님은 하나님의 마음을 우리에게 보여주시며 할 수 없음에도 할 수 있는 힘을 주신다. 그러기 위해서 우리는 쉬지 말고 기도해야 한다. 내 힘으로 할 수 없기 때문이다. 기도할 때만이 하나님의 마음이 내게 전달되고 내 마음이 감사로 가득 차면 미움도 감사로 바꿀 수 있게 된다. 그러면 미움이 용서가 되는 것이 아니라 미움이 감사가 되고 기쁨이 된다. 사랑의 반대가 미움이 아니고 무관심이라는 말을 들은 적이 있다. 그러면 미움의 반대는 사랑이 아니고 관심일까? 미운 짓을 하는 사람은 관심을 받고 싶어서 그러는 것이다. 아이들도 보면 그렇지 않은가? 관심받기 위해서 계속 미운 짓을 한다. 그런데 그런 미운 짓을 멈추게 하는 것은 혼내거나 체벌하는 것이 아니다. 그런 행동을 할 때는 무관심하고, 좋은 행동을 했을 때 칭찬하는 것이 미운 짓을 멈추게 하는 비법이다. 그렇기 때문에 우리도 미움을 미움으로 갚으면 더 큰 미움으로 돌아올 수 있다.

나는 미움의 마음을 기도하며 감사로 바꾸고 미움에 대응하지 않는 것이 방법이라고 생각한다. 그래서 그 사건 이후 결단하게 되었다. 미움을 기도로 대응하며 감사로 바꾸기로 말이다. 감사는 분명히 감사로 돌아온다. 미움은 기도로 없애는 것이 최상의 방법인 것이다.

사소한 것부터 적어보자

02

범사에 감사하라는 말씀은 교회에 다니지 않는 사람도 알고 있을 정도로 모두가 알고 있는 성경 구절이다. 교회에 다니든 다니지 않든 사람들은 작은 일에도 감사하며 살려고 한다. 당연히 나도 모든 일에 감사하며 살고 있다고 생각했다. 또한 나는 범사에 감사하는 생활이 몸에 젖어 있다고 생각하며 살아가고 있었다. 그런데 사역하는 교회에서 추수감사주일을 준비하며 감사 노트를 모든 교인에게 나눠주고 교역자들도 쓰게 했다. 기준은 매일 다른 세 가지를 감사 노트에 적는 것이었다. 삶을 온전히 감사하는 것에는 당연하다고 여겼는데 항상 쳇바퀴 돌 듯하는 나의 삶에 매일 다른 세 가지를 어떻게 적을 수 있을까 하는 것이 첫 번째로 드는 생각이었다. 기뻐하며 즐거움에 쓰기 시작한 감사 노트가 아니었다. 하라니 할 수 없이 하는 감사 노트였다. 첫날은 아침에 눈을 뜬 것에 감사했다. 나중에는 쓸 게 없어 저녁에 고민하며 썼다. '남편이 있어서 감사합니다. 아들이 있어서 감사합니다. 딸이 있어서 감사합니다.'라고 적을 것이 없어서 적었다. 그런데 이렇게 정말 말도 안 되는 감사를 적는다고 생각하며 적고 있었는데 눈물이 났다. 내게 남편이 있구나. 아들이 있구나. 딸이 있구나. 이것이 나에게 얼마나 큰 감사인지 모르고 산 것에 회개가 됐다. 정말 이것이 감사한 것인지 모르고 산 몇십 년이 회개가 됐던 것이다. 그 후로 모든 것이 다르게 새롭게 보였다. 힘이 들던 감사 노트가 기쁨이 되었다. 당연하던 모든 것이 감사가 되었다.

가까운 곳에서부터 감사를 하기 시작했다. 예민한 사춘기 시절에 나쁜 유혹에 빠지지 않고 교회로 인도하셨던 하나님, 나의 삶 가운데 오셔서 지금까지 인도하여주심에 감사드렸다. 좋은 성품과 인격을 가지고 많은 교육을 받으신 부모님에게 태어나게 하심에 감사드렸다. 좋은 형제, 자매와 자라게 하심에 감사했다. 좋은 남편과 건강한 아들과 딸을 주심에 감사했다. 어려서부터 어려움과 환난으로 정신적으로 강하게 자라게 하심조차 감사했다. 성도들과 공감할 수 있도록 가난하게 하시고, 때로 아프게도 하셔서 아픈 환우들과 같이 울 수 있게 하심도 감사했다. 어려운 교우들과도 공감하게 해주심도 감사했다. 왜 부지런히 일해서 가난을 면하지 않았냐고 질책하는 실수를 저지르지 않을 수 있음에 감사했다. 예수님조차 인간의 모습으로 오셔서 우리의 질고와 가난을 이해하신다고 하셨는데 나에게 이런 시련 주심이 하나님의 계획 아래 있음을 깨닫는 감사였다. 감사 노트를 쓰기 전까지 아버지를 원망하고 남편을 탓했는데 감사 노트를 쓰면서 가장 먼저 깨달은 것은 요나 같은 나를 훈련하고자 우리 가정에 시련 주심을 깨닫게 하셨다. 내가 아버지 때문에 힘들었던 것이 아니라 아버지가 나 때문에 힘드셨던 걸까? 이건 하나님을 만나서 물어봐야 될 일이다. 감사 노트를 쓰며 이해되지 않던 삶의 질문 중 깨닫는 것들이 있었다.

교육전도사로 사역을 하다가 처음으로 장년 교구 담당 전도사로 사역을 나갔을 때였다. 초등부 교육전도사로 일할 때는 갑작스런 돌발 질문과 체력적인 것이 힘들었지만 천진난만한 아이들과 설교로 만나던 시간은 참으로 행복한 시간이었다. 교육부 사역과는 전혀 다른, 장년을 담당하는 심방전도사는 심방을 가정으로 가서 성도님을 만나는 것이다. 처음 교구 전도사로 만난 분들은 모두가 부족하고 어린 나를 존중해주시고 배려해주심에 지금도 한 분 한 분의 얼굴이 생각나고 그립다. 그러나 많지 않은 공동체에서 생활하다가 맡겨주신 교구의 인원이 200가정에서 250가정 정도였던 것으로 기억한다. 한 가정이 네 명 정도가 된다고 생각하면 적지 않은 인원을 맡게 된 것이고 그들을 위해 새벽마다 저녁마다 기도했다. 그렇다 보니 마음을 아프게 하는 분도 있었다. 시간이 흘러 내용은 잘 생각나지 않지만, 속회를 바꾸고 임원을 뽑고 하던 늦가을쯤인 것 같다. 그날은 여러 일로 심신이 지쳐 있었다. 하나님께 이 순간들이 훈련이라면 그만하게 해달라고 떼쓰며 아침저녁으로 기도하고 있었다. 하루는 아침 조회를 마치고 심방을 위해 교회에서 나왔는데 눈물이 계속 났다. 더 걸어 다니면 사람들이 쳐다볼 것만 같았다. 내가 맡은 교구에 공원이 큰 곳이 있다. 전에도 급한 기도가 있으면 잠깐 기도하고 다른 가정으로 가고 했던 곳이라서 그곳으로 가서 벤치에 앉았다. 다행히 사람이 없었다. 나도 모르게 눈물이 철철 흘렀다.

"하나님, 너무 제가 능력이 없어서 많은 사람들을 품을 수가 없어요. 이만 사역을 내려놓게 해주세요. 평신도로 충성하며 살겠습니다. 제발 이만큼만으로도 제가 할 수 있는 최선을 다했습니다."

기도인지, 한탄인지, 불평인지, 애원인지 모를 많은 말을 짧은 시간에 쏟아놓았다. 그때 예수님께서 내게 말씀하셨다.

"혜원아, 넌 둥그런 것만 안을 거니?"

난 무슨 말씀인지 알 수 없어서 그 음성에 집중했다.

"혜원아, 난 십자가의 고통으로 심장이 시퍼래졌단다. 너도 뾰족해도, 송곳 같아도 안다 보면 나의 흔적을 갖게 될 거야."

난 소리 내어 울었다. '내가 예수의 흔적을 갖게 된다고?'

"주님, 부족한 제게 감히 예수의 흔적이라고 말씀해주시니 감사합니다. 그냥 평범한 주부로 살면서 아무 상처받지 않고 남편과 자녀에게 대우받으며 사랑받으며 살고 싶었습니다. 그러나 이것이 저의 사명이고 하나님의 부르심이라면 감당하겠습니다. 예수의 흔적을 갖겠습니다. 이제는 찔려서 아프다고 울지 않겠습니다."

기도했다. 그런데 그 후로는 웬만해서는 아프지 않았다. 그러시는 그분들이 더 안타까웠고 또 한편으로는 긍휼의 마음을 주님이 주셨다. 예수의 마음을 갖게 된 것이다. 그러니 사역을 감사한 마음을 가지고 할 수 있게 되었다.

일상에 감사하기 시작했다. 내가 사역할 곳이 있음이 감사했다. 오늘도 만날 사람들이 있음이 감사했다. 건강 주셔서 걷고 대중교통을 이용해서 출근할 수 있어서, 새벽예배를 갈 수 있어서 감사했다. 때가 되면 배가 고프고 먹고 싶은 것을 먹고 소화할 수 있어서 감사했다. 다른 장소가 아니라 교회에서 많은 시간을 지낼 수 있어서 감사했다. 주위에 있는 분들이 전도사님이고 목사님이셔서 감사했다. 시간이 흐르고 갈 가정이 있어서 감사했다. 집에 가면 가족들이 있고 그들이 반겨줘서 감사했다. 모든 예배에 참석할 수 있어서 감사했다. 상황이나 주변의 환경이 변화된 것은 아무것도 없었다. 그러나 감사한 마음으로 바라볼 때 모든 것이 감사했다.

그 후로 내 입에는 감사가 붙어 다녔다. 집 앞 마트에서 물건을 사고 "감사합니다."라고 인사를 했더니 마트 사장님께서 제가 감사하지 손님이 뭐가 감사하냐고 물었다. 전에 같으면 정말 "감사합니다."라고까지 인사하진 않았을 거였다. 그러나 이젠 집 앞에 마트가 있어서 물건을 살 수 있는 것조차 감사했다. 멀리 가서 힘들게 사오지 않아도 되니 얼마나 감사한 일인가. 나는 이런 감사한 상황에서 감사하지만 성경에 보면 바울은 로마 감옥에 있으면서 골로새 교인들에게 전했다.

"그리스도의 평강이 너희 마음을 주장하게 하라. 너희는 평강을 위하여 한 몸으로 부르심을 받았나니 너희는 또한 감사하는 자가 되라. 그리스도의 말씀이 너희 속에 풍성히 거하여 모든 지혜로 피차 가르치며 권

면하고 시와 찬송과 신령한 노래를 부르며 감사하는 마음으로 하나님을 찬양하고 또 무엇을 하든지 말에나 일에나 다 주 예수의 이름으로 하고 그를 힘입어 하나님 아버지께 감사하라."(골 3:15~17)

바울은 감옥에 있는 상황에서 골로새 교인들에게 세 번에 걸쳐 감사하라는 이야기를 하고 있다. 여기서 '감사하라'는 명령형이다. 하나님이 원하시는 감사는 선택해서 해도 되고 안 해도 되는 것이 아니고 명령인 것이다. 왜냐하면 불만을 가지거나 불평하는 것은 마귀가 좋아하는 것이기 때문이다. 불평할 때 의심이 생기고 의심이 커지면 대적하게 되고 분쟁하게 되기 때문이다. 분쟁하고 분열되게 하는 것은 마귀가 하는 일이다. 감사는 신앙생활의 기본이고 우리 신앙 정도를 알려주는 기준이다.

그러나 우리가 분주하게 살다 보면 자꾸 감사를 잊게 된다. 저녁에 시간을 정하여 기도하고 감사하는 내용을 적어보도록 하자. 이것은 당연한 것이라고 생각하는 것부터 적기 시작한다. 정말 아주 사소한 것부터 하나하나 적다 보면 그곳에 감사가 된다. 어느 것은 불만이었던 것이 불만이 아니고 감사가 될 때도 있다. 나는 항상 집이 좁다고 생각했다. 그런데 나처럼 바쁜 사람이 집이 넓었으면 청소가 너무 힘들었을 거라는 생각이 들었다. 우리 식구가 한자리에 모여서 식사하고 각자의 방에서 잘 수 있는 우리 집이 감사하다는 것을 깨닫게 되었다. 절대 남과 비교하지

말고 내 형편과 처지에 감사하자. 꿈과 비전과 비교는 다른 것이다. 지금
에 감사한다고 더 큰 것을 안 주시는 분이 아니고 감사함으로 아뢸 때 하
나님은 생각하지 못한 것까지 주시는 분이다. 그러니 정말, 정말로 사소
한 것부터 적어보자. 그것이 가장 큰 감사가 될 수 있다.

일상의 감사는 나를 더욱 행복하게 한다

03

아리스토텔레스는 행복은 감사하는 사람의 것이라고 했다. 그는 많은 것을 가졌어도 감사하지 않는 사람에게는 진정한 행복이 없다고 했다. 그렇다. 감사는 많이 갖고 적게 갖고의 문제가 아니며 선택이다. 같은 상황에서도 감사를 선택하는 사람이 있고, 불평을 선택하는 사람이 있다. 선택은 결과를 낳는다. 감사를 하면 스트레스를 완화시키고 면역력을 강화시키며 혈압이 안정되고 마음에 평안이 온다고 한다. 그래서 감사할 줄 아는 사람은 마음에 평안이 있다. 그러나 많은 사람들이 진정한 감사를 하기보단 인사치레의 감사 정도를 하며 불평과 불만에 차 있는 것을 많이 볼 수 있다. 특히나 요즘은 코로나19로 인해 일상적인 삶의 제한을 당하고 경제적으로 어려워져서 그것에 대한 불만을 말하는 사람들을 주변에서 많이 볼 수 있다. 코로나 확진자가 늘어나면 불특정 다수에게 왜 들 조심하지 않는지, 왜 사람 많은 곳에 가느냐며 짜증을 내는 것을 볼 수 있다. 그러나 이젠 조심하는 것을 떠나서 나도 모르게 가족이나 동료에게 전염될 수 있는 상황이 되어버렸다. 그러면 우리는 코로나19 전의 보통의 일상을 보낼 때 하루하루를 감사하며 지냈는지 생각해봐야 한다.

우리는 일상의 당연한 일들이 얼마나 감사한 일인지 모르고 지냈다. 코로나19로 삶에 제한이 생기고 나서야 그것이 감사해야 할 삶이었다는 것을 깨닫게 된 것이다. 그러나 우리는 코로나19로 움직임의 제한, 만남의 제한이 있기 전에 그것이 감사해야 할 일이 아니라 당연한 일이라 여기며 살아왔다. 코로나19가 생기기 전에 우리가 그것에 대해 감사했다면 더 행복하지 않았을까? 지금이라도 우리가 당연하게 생각했던 것을 감사하게 생각하고 표현한다면 나도 행복하고 주변의 사람까지 행복하게 하지 않을까?

그렇다면 지금이라도 우리는 당연하다고 생각했던 모든 것을 감사함으로 변화시켜야 한다. 가정이나 학교, 직장 등 내가 살아가는 환경에서 내게 맡겨진 일들의 모든 것을 당연한 것으로 생각하지 말고, 이런 일을 할 수 있음을 감사해야 한다.

이렇게 일상의 작은 일들이 다 감사한 일이라고 느끼고 표현하게 될 때 무미건조했던 일상이 감사가 되고 행복이 된다. 인간의 본성 자체가 만족함을 모르고 없는 것에 불평하기 쉬운 본성을 가지고 있기에 감사는 끊임없이 노력해야 가능하다. '사람이 하는 걱정 중 절대로 발생하지 않을 사건에 대한 걱정이 40%, 이미 일어난 사건에 대한 걱정이 30%, 별로 신경 쓸 일이 아닌 작은 것에 대한 걱정이 22%, 우리가 바꿀 수 없는 사건에 대한 걱정이 4%, 우리가 바꿀 수 있는 사건에 대한 걱정이 4%이다. 결국, 사람들은 96%의 불필요한 걱정 때문에 기쁨도, 웃음도, 마음의 평화도 잃어버린 채 살아가고 있다는 것이다.'라는 말씀을 목사님의 설교 중에 열 번 이상은 들은 것 같다. 그만큼 쓸데없는 걱정으로 살아간다는 것이다. 그러나 설교 말씀을 들을 때는 쓸데없는 걱정을 하고 살지 말자고 다짐하지만 어느새 또 걱정에 파묻혀서 살고 있다.

걱정은 불평과 불만을 만들고 사람의 마음속에 불안과 슬픔, 분노를 만들어낸다. 걱정은 아무것에도 도움이 되지 않는다. 성경은 "분을 그치고 노를 버리며 불평하지 말라. 오히려 악을 만들 뿐이라."(시 37:8)라고 말씀하신다. 우리 삶에 걱정이나 분노는 도움이 되기는커녕 악한 것이라고 하나님이 말씀하시는 것이다.

"그러므로 염려하여 이르기를 무엇을 먹을까 무엇을 마실까 무엇을 입을까 하지 말라. 이는 다 이방인들이 구하는 것이라. 너희 하늘 아버지께서 이 모든 것이 너희에게 있어야 할 줄을 아시느니라. 그런즉 너희는 먼저 그의 나라와 그의 의를 구하라. 그리하면 이 모든 것을 너희에게 더하시리라."(마 6:31~33)

모든 것은 하나님의 돌보심 안에 있다. 걱정거리가 있거든 걱정하지 말고 우리에게 무엇이 있어야 할지 아시는 하나님께 하나님의 나라와 의를 구하면 삶에 필요로 하는 것은 더불어 주신다고 한다. 그렇기 때문에 감사는 기쁨과 평안, 즐거움을 만들어낸다. 그러나 사람들은 에덴동산에서 타락하고 쫓겨난 후에 감사보다 걱정과 근심의 죄악된 본성을 갖게 되었기에 감사의 습관을 들이지 않으면 자꾸 걱정이 먼저 앞서게 되었다. 그래서 감사 노트를 꾸준히 써서 걱정이 아닌 하나님의 마음을 덧입어야 한다. 그래서 나는 감사 노트라고 하기보단 **기도 감사 노트**라고 하고 싶다. 처음부터 기도 감사 노트를 쓰기가 쉽지 않다. 그래서 감사한 내용, 감사하려는 내용(간구하는 것이 이루어지기를 원하는)을 먼저 적고 그 옆 페이지로 옮겨 적는다. 예를 들자면 '제가 자꾸 소화 기능이 약해서 체하는데 체하지 않게 해주세요. → 제가 소화가 안 돼서 체하던 것이 사라지고 소화가 잘되게 해주시니 감사합니다.'라고 고쳐 적어보는 것이다. 그리고 화나고 짜증났던 일이 있으면 그것도 그대로 왼쪽 페이지에 적어본다. 예를 들자면 '남편 때문에 짜증이 났다. 잔소리를 엄청 해댔다. 내가 냉장고를 정리하지 않았다고 말이다. → 남편이 잔소리를 했는데 내가 냉장고를 치우지 않았다는 것을 알려줘서 감사하다. 내지는 잔소리를 하는 사람이 있음에도 감사합니다.'라고 적을 수 있다.

이것은 정말 초기 단계의 감사이지만 이렇게 쓰다 보면 점차 더 좋은 방향으로 써가는 나를 발견하게 되고 억지 감사가 정말로 감사하게 되는 순간을 발견하게 된다. 처음에는 감사로 내가 행복해하는 것을 알게 되고 나중에는 가족이나 만나는 모든 사람에게 행복이 전염되는 것을 발견하게 된다. 그래서 사람에 대한 감사가 생각이 나면 직접 그리고 빨리 표현하기를 해보도록 한다. 불평과 불만, 짜증도 전염되지만 감사도 행복도 전염되는 것을 알게 될 것이다.

사역을 하다 보면 정말 고난을 당하는 성도를 만날 때가 있다. 본인도 아픈데 자녀가 아프다든가, 얼마 전에도 건강이 안 좋아서 병원에서는 수술을 하라고 하는데 나이도 많고 식당일을 하셔서 더 나빠지지 않기를 바란다고 하셨던 집사님이 냉장고 청소를 하다가 의자에서 떨어져서 다리가 골절되었다는 이야기를 듣고 나도 마음이 상해 있었는데 그 성도님은 이만하기를 다행이라며 하나님의 은혜라고 하셨다. 그런데 교회에서 사역을 하다 보면 이런 이야기를 많이 듣는다. 이전 교회에서도 장로님께서 욕조에서 넘어져서 팔이 골절되었는데 다리나 머리가 다치지 않고 팔을 다친 것이 하나님께 감사하다고 하셨다. 감사할 수 없는 상황에서 감사하는 성도님들을 보며 이것이 신앙의 힘이라고 생각한다. 이런 분들의 주변에는 행복이 넘친다. 이런 분들에게선 기도의 응답이 넘치고 간증이 넘친다. 이렇게 할 수 없는 상황에서도 감사하다 보면 일상의 모든 것에 감사하게 된다. 자연에서 일상적으로 주어지는 것에도 감사하게 된다. 모두에게 공평하게 허락하시는 시간도 감사하다.

능력이나 물질에 따라 허락되는 것이 아닌, 모두에게 공평하게 허락하시는 하루 24시간의 시간에 감사하다. 그리고 햇살도 감사하다. 집 안을 밝히기 위해 달아놓은 전등으로 내는 전기세를 생각해볼 때 태양이 우리에게 주는 빛은 돈으로 환산하기 어려울 만큼 비쌀 것이다. 그것을 하나님은 무료로 제공하신다. 공기도 마찬가지다. 중환자실에서 산소마스크를 쓰고 있다면 하루에 얼마일까? 우리는 매일 무료로 사용하고 있지 않은가. 이런 생각으로 살아간다면 일상의 모든 것이 감사하고, 자연의 모든 것에 감사하게 될 것이다.

너나, 나나 모두가 당연하고도 비슷한 일상을 살아가고 있다고 생각하면 하루하루가 지루할 것이다. 그리고 당연하게 여기며 살아가는 일상은 기억에 남는 것이 없이 빠르게만 느껴질 것이다. 그러므로 감사는 저절로 되는 것이 아니다. 감사를 선택해야 한다. 감사를 선택하기 위해서는 하나님의 은혜가 필요하다.

우리는 때로는 어떤 것을 선택해야 할지 모른다. 감사보다 나도 모르게 먼저 불평이 터져 나올 때가 많다. 하나님을 믿지 않는 사람들도 마인드 컨트롤을 통해 자기 마음을 조종하고 바꾸려고 한다. 그것만으로도 삶이 달라지고 성공을 한다고 그들은 이야기한다. 그러나 하나님을 믿는 우리는 사람이 얼마나 연약한 존재인지를 안다. 그리고 하나님이 없는 성공이 얼마나 헛된 것이지도 안다.

"우리는 긍휼하심을 받고 때를 따라 돕는 은혜를 얻기 위하여 은혜의 보좌 앞에 담대히 나아갈 것입니다."(히 4:16)라는 말씀처럼 때에 따라 돕는 하나님의 은혜를 항상 구해야 한다. 하나님이 함께 하시지 않으면 우리는 옳은 선택을 하지 못한다. 또한 옳은 선택을 하기 위해서는 하나님의 지혜가 필요하다.

"깊도다. 하나님의 지혜와 지식의 풍성함이여, 그의 판단은 헤아리지 못할 것이며 그의 길은 찾지 못할 것이로다."(롬 11:33)

말씀에 보면 하나님의 지혜와 지식이 풍성하다고 하셨다. 이처럼 하나님의 은혜와 지혜가 함께할 때 우리는 원망 대신에 감사를 선택할 수 있다. 하나님의 은혜와 지혜가 함께하기 위해서는 기도를 해야 한다. 솔로몬이 일천번제를 드리며 간절히 기도한 것처럼 우리도 어떤 상황에서도 먼저 감사라는 단어가 나오도록 나의 마음과 입을 지켜달라고, 옳은 감사가 나올 수 있도록 지혜를 달라고 기도해야 한다.

일상의 감사는 나를 더욱 행복하게 한다. 그리고 주변까지 행복하게 한다. 더 나아가 예수 그리스도를 믿는 성도들에게는 기도의 응답받는 복 있는 삶을 살게 한다. "너희가 기도할 때에 무엇이든지 믿고 구하는 것은 다 받으리라 하시니라."(마 21:22) 감사는 믿음의 가장 강한 표현인 것이다. 그러므로 우리는 감사하는 삶을 살아야 하는 것이 마땅하다.

억지로라도 감사하자

04

"요나가 매우 싫어하고 성내며 여호와께 기도하여 이르되 여호와여 내가 고국에 있을 때에 이러하겠다고 말씀하지 아니하였나이까."(욘 4:1~2)

이 말씀을 보며 나는 여러 번 의아했다. 신약도 아니고 구약에서 하나님의 명령에 불순종해서 도망가지를 않나, 게다가 하나님께 성을 냈다고 하는 구절이 또 있을까? 참으로 오만한 종이라고 죽임을 당하고도 남을 텐데 하나님은 자상하게 설명하시니 참으로 하나님의 사랑은 크고도 놀랍지 않은가? 그런데 한편으로 생각하면 지금은 내 생각으로 도저히 이해가 안 가고 용납이 안 되는 상황도 하나님의 큰 그림 안에 있다고 생각하고 감사했다면 얼마나 더 큰 위대한 선지자로 남았을까 하는 것이다.

우리도 항상 감사할 수 있는 상황에 처하는 것은 아니다. 나의 어린 시절도 감사할 수 있는 상황만 있었던 것은 아니다. 지금도 자녀가 중고등학생이 되면 자녀의 방을 지날 때 공부에 방해가 될까 봐 발뒤꿈치를 들고 지난다는 이야기도 있는데, 나는 고등학교를 갈 수 있는 형편이 안 되어 속을 썩다가 고등학교 1학년이 되어서는 부모님의 별거로 내가 공부를 하는지 학교를 가는지 관심도 없던 아버지의 밑에서 동생들을 챙겨야 했다. 그러나 난 그때 교회에 갈 수 있는 차비인 토큰 두 개에 항상 감사했었다.

물론 교회에 갈 토큰 두 개를 위해서 학교에 왕복으로 네 개의 토큰을 쓰지 못하고 독산동에서 삼청동에 가는 버스를 타고 나머지는 걸어서 가는 것을 힘들어하지 않았다. 주일예배와 금요기도회 그리고 화요순복음기도회에 갈 수 있는 차비를 준비하기 위해서였다. 지금 생각해도 그 선택은 참으로 나를 살리는 선택이었고, 지금도 나에게 그런 상황이라면 망설이지 않고 그렇게 할 것이다. 왜냐하면 그때 그 시절이 우울하고 비참하기보다는 열심히 하나님을 믿었던 시간으로 기억되기 때문이다. 그립기까지 한 것은 지금 코로나19로 인해 모든 통성기도가 막혀 있기 때문인 것 같다. 통성기도의 그 기쁨과 감격! 뭐라 말하기 어려운, 경험해

본 사람만이 알 수 있는 그 기억과 추억을 우리 젊은이들에게 어떻게 전달해야 할지? 빨리 코로나19의 어려움을 벗어나 함께 찬양하고 기도하는 날이 오기를 기도해본다.

성경에는 감사할 수 없는 상황에서 감사함으로 역경을 이겨낸 많은 사람이 있다. 요셉도, 다윗도, 욥도, 바울도 말이다. 바울은 범사에 감사하라고 말한다.(살전 5:18) 그러나 바울은 감사할 수 있는 상황에서 감사하라고 하는 것이 아니다. 감옥에 갇히고 매를 맞고 하는 상황에서도 감사하라고 말하고 있는 것이다. 내가 알던 성도님들 중에 가장 감사할 수 없는 상황에서 감사하던 분이 생각난다. 가정이 경제적으로는 너무 힘들어져서 월세를 못 내서 살림은 다 뺏기고 아들 둘과 남편은 각각 살게 되었는데도 교회 앞에서 전도를 했다. 성도 중에는 '저러고 있을 때가 아니지 않냐?'라고도 했다. 나도 때로는 어느 것이 맞는 것인지에 대해 말할 수 없었다.

정말로 많은 믿지 않는 사람들을 전도하시는 귀한 일을 하시던 그분이 감사하기 어려울 때 생각나는 것은 그분의 전도가 참으로 귀한 것이었기 때문이라고 생각된다. 지금도 다른 어느 분보다 생각이 난다. 지금은 잘 지내고 계실 거라고 믿는다. 욥처럼 갑절의 복을 받으셨을 것이다. 욥도 하루에 생각할 수도 없는 고난을 당했을 때 다른 사람이 아니라 아내에게 "당신이 그래도 자기의 온전함을 굳게 지키느냐. 하나님을 욕하고 죽으라."(욥 2:9) 우리가 고난당할 때에 힘들게 하는 사람은 멀리에 있는 사람이 아니고 가까이에 있는 사람이다. 그래서 더욱 마음이 아픈 것이다. 그러나 욥은 "그대의 말이 한 어리석은 여자의 말 같도다. 우리가 하나님께 복을 받았은즉 화도 받지 아니하겠느냐."(욥 2:10)라고 이야기한다. 그때 그 권사님도 여러 사람의 말이 상처가 된다고 내게 말했지만 전도를 그만두시지 않고 열심히 하셨다. 이것이야말로 억지로 하는 감사였겠지만 그분을 지탱할 수 있는 힘이었을 것이고, 하나님께서 기뻐 받으시는 감사였다고 나는 믿는다.

범사에 감사하라는 것은 감사할 수 없는 상황에서도 감사하라는 것이고, 억지로라도 감사하라는 것이다. 감사할 수 없을 때 억지로라도 감사하면 혈압도 혈당도 안정을 찾는다고 한다. 요즘처럼 스트레스로 하루하루의 삶이 힘겨운 때에 감사함으로 스트레스를 완화하고 마음에 평안을 얻을 수 있다면 오늘부터라도 기도 감사 노트를 쓰기 시작하자. 저녁 때 10분의 시간으로 우리 삶에 전반적인 변화를 줄 수 있고 기도의 응답을 받을 수 있다면 너무나 값진 10분이 되는 것이다.

수많은 자기계발서와 꿈과 비전에 대한 책에도 자기가 원하는 것을 이루기까지 적고 외치고 머리에 새기고 현재 일어난 일처럼 상상하고 생생하게 느끼라고 한다. 그런데 우리는 하나님께서 감사하라고 명령하셨고 감사함으로 하나님께 아뢰라(빌 4:6)고 하시는데 왜 그러지 못하는가? 일상의 모든 것에 감사하자는 내용을 장황하게 쓰는 것은 그만큼 중요한 비밀을 갖고 있기 때문이다. 나는 원하는 것을 이미 된 것으로 생각하고 감사하는 기도를 하고 생각을 한다. 특별히 꼭 이루고 싶은 것에 그렇게 한다. 나는 하나님의 도우심으로 신학 공부와 2급 사회복지사 자격증과 한국어교사 2급 자격증을 취득했다. 그리고 어려서부터 배우고 싶었던 서예를 대신해서 캘리그라피를 배워서 최근에 캘리그라피 1급 자격증도 갖게 됐다.

그런데 어려서부터 글 쓰는 것을 좋아해서 50대에는 책을 출판하는 것이 버킷리스트였지만 이것은 어떤 준비와 노력으로 하는 것인지 알 수 없었다. 그래서 '포기해야 하나? 정말 이것은 그냥 꿈으로 끝나는 것인가?' 하고 생각한 적도 많다. 그러나 다른 사람들에게도 책을 쓰는 꿈을 이루고 싶다고 말했고 항상 마음에 두고 기도했다. 왜 어렸을 때에 40대에는 서예를, 50대에는 책을 써야겠다고 꿈을 그렸는지 모르겠다. 이제 50대 중반이 되니 꼭 해야겠다는 생각이 들었고, 마음이 조금 급해졌다. 이러다가 순식간에 60대가 될 것은 같은 조바심 때문이었다. 항상 작가가 된 것처럼 감사기도를 드렸다. 그리고 관련 서적을 구입해서 읽기 시작했고 온라인으로 가르치는 영상을 찾아서 들어도 보고 연구하기 시작했다. 그때 읽은 책이 『김대리는 어떻게 1개월 만에 작가가 됐을까』였다. 김도사(김태광), 권마담(권동희)이 쓴 책이다. 망설일 필요도 없이 바로 사서 하루 만에 읽었다. 내 주위에 작가가 없기 때문에 조언을 구할 곳이 없었다. 그러나 계속 생각하고 기도할 때, 자연스럽게 하나님은 그 책이 눈에 들어오게 하신 것이다.

김태광 대표는 〈한국책쓰기1인창업코칭협회(한책협)〉라는 카페를 운영하는 국내 최고의 책 쓰기 코치로 알려져 있다. 시인을 꿈꾸며 젊은 시절 숱하게 출판사에 투고를 했으나 수백 번 퇴짜를 맞았다고 한다. 하지만 포기하지 않고 끝내 책으로 출판하게 되었다고 한다. 이후 시, 동화, 에세이 등 많은 그의 작품이 초중고 교과서에 실려 있다.

그는 이 책에서 "책 쓰기로 가슴 뛰는 삶을 살아라"며 강력하게 책 쓰기에 대한 동기부여를 해준다. 이 문구를 읽으니 책에 있는 표현처럼 '새롭게 고동치는' 나의 맥박을 느낄 수 있었다. 그의 강의 또한 나의 책을 쓰고자 하는 소망에 딱 맞는 적절한 내용이었다. 나는 그를 통해 책 쓰기에 과감히 도전하게 되었고, 결국 출판에까지 이르게 되었다.

그러기에 우리는 일상의 모든 것에 감사하며 입에 감사가 자연스럽게 나오게 되면 결국 원하는 바를 이룰 수 있게 되는 것이다.

워낙 책을 좋아해서 분야에 상관없이 읽은 책은 못 해도 1,000권은 넘을 것 같다. 요즘 인스타를 공부하면서 읽은 책을 다 기록하는 분들을 보며 그렇게 하지 못한 것이 후회가 되었다. 바쁘다는 이유로 시대에 뒤떨어지고 있다는 생각을 했다. 그러나 난 항상 늦다고 생각할 때가 가장 빠른 때라고 생각한다. 온라인에는 마음만 먹으면 배울 수 있는 기회가 어느 때보다 많다. 위기는 기회이다. 무엇인가 배우려면 교육하는 장소에까지 이동해야 하는 것이 당연하던 때는 이동으로 인해 시간의 허비가 얼마나 많았는지 모른다. 1시간을 배우려면 왕복 2시간을 버려야 하는 경우가 허다했다. 지금은 시간을 절약하게 되어서 감사하다.

데보라 노빌의 책, 『감사의 힘』에 보면 감사함으로 꿈을 이룬 '윌 톰슨'의 이야기가 있다. 윌 톰슨은 뉴욕 근교의 패밀리 레스토랑에서 일용직으로 웨이터 보조일을 했다. 일을 하는 이유는 돈을 모아 멋진 오토바이를 사서 여자 친구를 뒤에 태우고 돌아다니고 싶었기 때문이다. 레스토랑에서 일하던 어느 날, 여자 종업원이 까다로운 고객과 싸우게 된다.

그날 지배인인 게리 스타인만이 모두를 모아놓고 이야기를 했다. 첫째, 고객에게 진심으로 감사해라. 둘째, 고객이 우리에게 월급을 준다. 그것만으로도 감사의 이유가 충분하다. 셋째, 고객이 있기에 우리가 즐겁고 고객에게 감사할수록 나의 미래가 밝다. 그 말을 듣고 윌 톰슨은 감사의 삶을 실천했다. 전에 오토바이를 위해 일할 때는 일이 지겨웠는데 감사의 마음으로 일을 하자 일이 즐거워졌다. 그리고 손님들이 정말 고마웠다. 그러자 그의 서비스에 손님들은 만족했고 매달 고객들의 인기 투표에서 1위를 했다. 그 후 사장의 배려로 윌 톰슨은 야간 대학을 거쳐 경영대학원에서 석사학위를 받았고 지금은 전용 비행기를 타고 미국 전역을 다니는 미국 굴지의 식품업체 경영인이 되었다.

윌 톰슨이 일했던 패밀리 레스토랑의 직원들도 모두 지배인의 이야기를 들었을 것이다. 그러나 그들은 윌 톰슨처럼 지배인의 말을 듣고 감사하기로 결단한 것이 아니라 지배인이 잔소리한다며 불평 불만을 했을 것이고, 전과 다름없는 불평의 삶을 선택하였을 것이다. 윌 톰슨만이 감사를 선택한 것이다. 나는 이 글을 읽으며 성경에 나온 열 명의 나병환자가 생각났다.

"한 마을에 들어가시니 나병환자 열 명이 예수를 만나 멀리 서서 소리를 높여 이르되 예수 선생님이여 우리를 불쌍히 여기소서 하거늘 보시고 이르시되 가서 제사장들에게 너희 몸을 보이라 하셨더니 그들이 가다가 깨끗함을 받은지라. 그 중의 한 사람이 자기가 나은 것을 보고 큰 소리로 하나님께 영광을 돌리며 돌아와 예수의 발 아래에 엎드리어 감사하니 그는 사마리아 사람이라. 예수께서 대답하여 이르시되 열 사람이 다 깨끗함을 받지 아니하였느냐 그 아홉은 어디 있느냐."(눅 17:12~17)

이 말씀에서도 보면 열 명의 나병 환자 중 가던 길에서 돌아와서 예수 님께 한 명만이 감사했다. 여기 성경에서는 물론 열 명이 다 나병에서 고침은 받았으나 구원받은 사람은 한 명인 것이다. 우리는 몸과 환경과 구원의 문제를 감사함으로 해결할 수 있는 복을 받은 사람들이다.

"내가 그리스도와 함께 십자가에 못 박혔나니 그런즉 이제는 내가 사는 것이 아니요 오직 내 안에 그리스도께서 사시는 것이라. 이제 내가 육체 가운데 사는 것은 나를 사랑하사 나를 위하여 자기 자신을 버리신 하나님의 아들을 믿는 믿음 안에서 사는 것이라."(갈 2:20)

이 말씀처럼 내가 십자가에서 죽었다고 생각하면 모든 것이 감사하지 않은가? 십자가에 못 박혀 죽었다고 생각하면 그 어떠한 것이 감사하지 않은 것이 있겠는가? 하나님을 알지 못하는 사람들은 감사할 수 없는 상황에서도 우리는 감사할 수 있다. 억지로라도 감사하자. 더 좋은 것으로 갚아주시는 하나님을 기억하자.

무엇이 감사한지 적어보자

05

우리 주변에 보면 말을 잘하는 사람들이 있다. 그런 친구들은 식당에 가도 '이모님, 이모님!' 하며 말을 살갑게 잘한다. 그러면 확실히 반찬이라도 풍성하게 가져다준다. 그리고 모두 금방 기억해준다. 내 경우에도 인사를 할 때 목례만 하는 사람보다는 가까이 다가와서 이러저러한 이야기를 하며 인사하는 사람에게 더 친근감이 가고 기억을 잘하게 된다. 오늘따라 너 예뻐 보인다거나 살이 빠지셨나 보다고 하면 아주 기분이 좋을 것이다. 기도 감사 노트를 쓸 때나 하나님 앞에 기도할 때도 마찬가지다. 처음에 감사 표현을 하거나 기도 감사 노트를 쓰게 되면 '아침이라 감사합니다.'라고 보통 쓰게 된다. 기도도 마찬가지다. '하나님 감사합니다.'라고 보통 기도한다. 아이나 어른이나 똑같다. 그런데 나중에 노트를 펼쳐보면 '아침에 무엇이 감사했다는 거지?' 하고 감사했던 내용이 생각나지 않는다. 생각이 안 나는 것 때문에 적으라는 것은 아니고 구체적으로 무엇이 좋았는지 나중에도 알 수 있어서 좋다는 것이다. 적어야 하는 더 정확한 이유는 무엇이 어떻게 좋았는지를 적으면서 내가 더욱 감사하게 되고 풍부한 감정을 가질 수 있기 때문이다.

적다 보면 점점 내용도 풍부해지고 구체적으로 변하게 된다. 예를 들자면 점심을 친구와 먹게 되었다면 '친구와 점심을 먹어서 감사합니다.'보다는 오랜만에 누구와 어떻게 만나서 산채비빔밥을 먹었는데 집에서 자주 먹지 못하는 나물 뭐 뭐를 먹게 되었고, 너무 맛있었고 그 음식점 내부의 인테리어와 바깥 풍경이 주는 자연이 너무 아름다웠습니다. 친구와 연락이 되게 하신 하나님 감사합니다. 이런 아름다운 자연을 창조하시고 우리나라에 나무들이 많은 것이 너무 감사합니다.'라고 적어보자는 것이다. 이렇게 적을 때에 우리에게 감사가 더욱 넘치고 행복이 더 극대화될 수 있다. 기도 감사 노트를 적을 때, '왜냐하면, 하나님 덕분에, 누구 덕분에, 무엇 때문에'를 많이 적어보자. 그리고 왜, 어디서, 무엇을, 어떻게 등 육하원칙에 맞춰서 쓰다 보면 필력도 늘어나고 기도가 잘되는 것을 경험하게 될 것이다. 성도님들 중에서는 대표기도를 두려워하고 기도하기를 피하는 분들이 있는데 고칠 수 있는 좋은 방법이다.

그리고 지금의 나의 형편에 감사해보자. 보통의 사람들은 지금의 나의 형편에 불만을 말하는 사람이 많다. 없고 안 되는 것에 초점을 두지 말고 우선 있는 것, 되는 것에 감사하자. 우리 아이들은 어렸을 때 건강해서(지금도 물론 건강하다.) 두 아이 육아가 보통일이 아니었다. 뛰고 어지르고, 좀 얌전했으면 하는 게 소원이었다. 그런데 아프니 움직이지도 않고 누워서 끙끙 앓았다. 뛰고 난리를 쳐도 좋으니 건강했으면 하고 기도하게 된다. 이처럼 우리는 잃고서야 일상의 모든 것이 행복임을 느낀다. 그러니 지금부터라도 내 삶의 가까운 것부터 무엇이 감사한지 구체적으로 적어보자.

주위에 보면 같은 상황에서도 불평하는 분이 있고 감사하는 분이 있다. 거기에 진심어린 구절로 구체적으로 무엇이 감사한지 말씀하시는 분이 있다. 그런 명랑하고 유쾌한 분은 친구가 많고 확실히 다른 또래보다 겉으로 보기에도 그렇고, 실제로도 건강하고 젊으신 것을 볼 수 있다. 돈 안 들이고 건강하고 젊게 사는 방법은 무엇이 감사한지 구체적으로 표현하며 사는 것이다.

"나는 여호와로 말미암아 즐거워하며 나의 구원의 하나님으로 말미암아 기뻐하리로다." 하박국 3장 18절 말씀이다. 하박국은 하나님 때문에 즐겁고 하나님으로 인해서 기뻐한다. 구체적으로 말하고 있다. 그러나 하박국이 풍족함으로 기뻐하는 것이 아니었다. 17절에 "비록 무화과나무가 무성하지 못하며 포도나무에 열매가 없으며 감람나무에 소출이 없으며 밭에 먹을 것이 없으며 우리에 양이 없으며 외양간에 소가 없을지라도"라는 말씀으로 알 수 있다. 아무것도 없다는 것이다. 지금의 우리들의 형편과 다를 바가 없다. 코로나19가 장기화되면서 요즘의 소상공인들과 다를 바가 없는 것이다.

내 가까이에도 같은 상황에 처한 분이 있다. 어려서부터 꿈을 향해 어려워도 참으며 선배들의 성공을 바라보고 다른 길은 바라보지 않고 열심히 꾸준히 기술을 익히고 배우며 다른 친구들이 대학을 다닐 때도 6시 정시 퇴근을 하며 본인보다 더 많은 월급을 받을 때도 참으며 일을 했다. 그런데 코로나19로 인해서 말도 안 되는 월급을 받고 속상해했다. 그래도 조금만 참으면 될 거라며 참는 모습을 보였다. 그러나 이 시간이 몇 달, 일 년 이상을 지나며 빚을 지기 시작했다. 보통은 여기서 무너지고 불평하고 원망할 것인데 그러지 않았다. 모두가 당하는 고통이라며 건강 주시고 일할 곳을 주신 하나님께 감사하는 것이다.

우리는 모두 힘들게 이 시기를 지나고 있다. 불평불만을 늘어놓는다고 해결되는 것은 하나도 없고 스트레스로 건강에 악영향을 미친다. 감사할 때 건강도 지키고 하나님이 주시는 지혜와 기회가 오는 것이다.

그리고 만남에 대해 감사해보자. 인생에서 중요한 것이 여러 가지가 있겠지만 나는 만남만큼 중요한 것이 없다고 생각한다. 좋은 만남이 좋은 인생을 만들고 좋은 미래를 만든다. 우리는 만남을 통해서 관점, 가치관, 취미까지도 영향을 받는다.

"철이 철을 날카롭게 하는 것같이 사람이 그의 친구의 얼굴을 빛나게 하느니라."(잠 27:17)라는 말씀처럼 좋은 만남은 사람을 빛나게 한다. 나에게 가장 좋은 만남은 물론 하나님과의 만남이다. 하나님을 만난 후에야 나는 내가 죄인임을 알았다. 16살, 그 나이에 무슨 죄가 그렇게 있겠는가? 그런데 하나님을 만나고 내가 죄인임을 알았다. 이와 같이 만남은 나의 삶을 좌우하기에 우리는 하나님 앞에 선한 만남을 기도해야 하고 하나님께서 여러 가지의 만남을 허락하시지만 그 선택은 우리가 해야 하는 것이다. 하나님께서 허락하시는 만남인지 아닌지를 분별해야 하고 하나님이 허락하신 만남을 선택해야 한다. 사람의 만남, 직업의 만남, 좋은 스승과의 만남, 좋은 책, 좋은 제자, 거기에 나아가 좋은 배우자와의 만남을 기도하고 감사하자.

예수님께서는 많은 사람을 만나셨지만, 그 가운데서 열두 명의 제자를 선택하셨다. "이때에 예수께서 기도하시러 산으로 가사 밤이 새도록 하나님께 기도하시고 밝으매 그 제자들을 부르사 그 중에서 열둘을 택하여

사도라 칭하셨으니."(눅 6:12~13)라는 말씀을 보면 밤을 새고 기도하신 후에 열두 명을 제자로 삼으신다. 하나님의 아들이신 예수님도 만난 사람 중에 느낌 좋은 사람을 제자로 고르신 것이 아니라 밤새 기도하시고 하나님의 뜻에 합당한 사람을 고르신 것이다. 고르신 후에는 그들이 잘못된 행동이나 언행으로 불평하시지 않으셨다. 혼내고 야단치고 회초리로 가르치시지 않았고 몸소 삶으로 보이셨고 믿음 없음에 대해, 기도하지 않음에 대해서만 말씀하셨다.

그렇다면 우리는 얼마나 많은 기도를 해야 할까? 만남을 위해 얼마나 많은 기도를 해봤는지 생각해봐야겠다. 직장을 위해서, 장소와 때를 위해서, 배우자를 위해서 더욱 기도하고 선택해야겠다. 그리고 결정한 후에는 모든 것에 감사함으로 생활하자.

기도의 결과로 주시는 것은 우리가 더욱 구체적으로 무엇이 감사한지 적을 수 있다. 그것은 기도의 응답이기에 더욱 애착이 가기 때문이다. 우연히 어쩌다 생긴 일이 아닌 것을 알기 때문이다. 하나님이 내게 허락하신 일이기에, 하나님이 만나게 하신 만남이기에 감사하지 않을 수가 없기 때문이다. 예수님은 겨자씨에서도 천국을 보았다.

"예수께서 이르시되 하나님의 나라가 무엇과 같을까 내가 무엇으로 비교할까 마치 사람이 자기 채소밭에 갖다 심은 겨자씨 한 알 같으니 자라 나무가 되어 공중의 새들이 그 가지에 깃들였느니라."(눅 13장 18~19)

　말씀처럼 예수님께서는 씨앗 중에서도 제일 작아서 눈으로 잘 보이지도 않는 겨자씨가 자라 새싹이 나고 가지가 굵어져서 큰 나무가 되고 그 나무의 가지에 새들이 앉아 쉴 수 있는 크기까지 자라는 모습에서 하나님의 나라를 비유하셨다. 우리의 감사도 이와 같다. 감사할 수 없는 상황에서도 작은 것으로 감사했을 때 더 이상 감사할 수 없을 정도로 채워주시는 감사를 경험하게 되는 것이다.

모든 말의 끝은 감사로 마치자

06

요즘 〈놀러와〉의 'MSG워너비'를 재미있게 보고 있다. 그중 한 명이 말 끝마다 하모니카를 붙이는 것이 너무 재미있다. 그 가수는 정말 그 하모니카라는 말이 입에 버릇이 되었나 보다. "감사하모니카" 하는데 재미있다. 하모니카도 잘 부는 것이 재주가 비상했다. 그러면서 생각했다. 우리도 감사가 입에 붙어서 모든 말의 끝에 '감사합니다.'가 따라오면 좋겠다고 말이다. 기도 감사 노트를 처음으로 쓸 때 모든 문장의 끝에 감사로 마쳐보자. 갑자기 여러 가지를 다 고치려면 어렵다. 우선은 부정을 없애는 의미로 끝을 '감사합니다.'라고 마치다 보면 부정적인 불만과 불평이

사라지게 되고 사람들과의 대화에도 본인이 전보다 "감사합니다."라고 말을 끝내고 있다는 사실을 알게 된다. 우선 어떤 사건이 있을 때 사건의 끝에 '감사합니다.'를 붙여보자. A와 B가 싸웠다고 치자. "먼저 A가 나를 때려서 아팠어요. 나도 A를 때렸어요. 둘 다 코피가 나고 아팠는데 감사해요." 말이 이상한가? 그래도 이렇게 생각해보자. 'A가 나를 때리지 않고 C를 때렸다면 C는 워낙 약해서 많이 다쳤을 수 있는데 그래도 나아서 다행이고 A와 나는 성격이 화통해서 그래도 화해하고 다시 친하게 지낼 수도 있다.'

어렸을 때를 생각하면 이상하게도 잘 치고 받고 싸우던 아이들이 친하게 지내고 오랫동안 우정을 유지하는 것을 볼 수 있다. 미국의 한센병 환자 재활원의 원장으로 일했던 폴 브랜드 박사가 인도에 가서 나병환자들을 치료하고 영국에 가서 긴 시간의 기차여행을 했다. 어느 날 밤, 늦게 호텔로 돌아와서는 목욕을 했다. 그리고 발뒤꿈치를 만지는데 감각이 없었다. 다른 사람들은 별것 아니라고 했을 텐데 한센병 환자를 치료하는 폴 브랜드 박사는 섬광처럼 떠오른 생각에 기계적으로 일어나서 바늘을 찾아서 발뒤꿈치를 찔러보았다. 그러나 아무런 감각이 없었다. 더 깊이 찔러서 피가 났지만 아무 감각이 없었다. '한센병인가 보다.' 눈물이 났다. '가족들과 떨어져서 외딴곳에서 살아야 하나?' 울다가 잠이 들고, 또 깨어서 울다가 새벽녘에 다시 바늘로 발뒤꿈치를 찔러보았다. 그러자 얼마나 아프던지 화들짝 놀라고 말았다. 그 증세는 긴 시간의 기차 여행으로 지쳐 발 한쪽이 마비되었던 것이었다. 그는 일어나서 "하나님, 고통을 주셔서 감사합니다. 고통을 느낄 수 있음에 감사하며 살겠습니다."라고 외쳤다고 한다. 고통이 감사함이 될 수 있다는 것을 알게 하는 일이다. 그러기에 어떤 상황에도 감사할 수 있다는 것이다.

기도 감사 노트에 적을 때뿐 아니라 기도의 끝은 감사함으로 마치자. 어쩌다 보면 구하는 기도만 하다가 기도가 끝날 때가 있다. 중보기도를 하다 보면 더욱 그렇다. 기도 부탁이 거의 무엇인가를 구하는 기도를 하는 것이다 보니 '무엇, 무엇이 되기를 원합니다. 무엇, 무엇 하길 원합니다.'로 구하는 기도로 끝나기가 쉽다. 나 또한 성도들의 기도를 가지고 그렇게 기도하던 어느 날, 내가 구하는 기도만 하고 하나님의 응답은 듣지도 못하고 기도를 마친다는 마음을 주셨다.

그래서 그 후에는 중보기도를 한참을 하고 하나님께 '하실 말씀 있으시면 하세요.' 하고 한참을 앉아 있었다. 아무 말씀이 없으셨다. 그래도 하나님이 주신 마음이기에 그 후로 중보기도를 한참 하고 5분 정도를 묵상하며 하나님의 음성을 기다렸다. '하나님께서 아니라고 말씀해주시면 구하던 모든 것이라도 하지 않을 것이고, 기다리라 하시면 기다릴 것이고, 응답해주시면 정말 감사합니다.'라고 기도하기도 했다. 어떤 날은 '무슨 말씀을 주실까?' 하고 기대하며 정신이 초롱초롱하게 5분을 있기도 했지만, 어떤 날은 졸다가 5분이 흐르기도 했다. 그러면서 하나님이 내게 지혜를 주시는 것을 느낄 수 있었다. 하나님께서 응답을 주실 줄 믿고, 기도한 것을 이루어주신 것처럼 감사하며 생생하게 느끼며 다시 감사함으로 기도했다. 앞에 중보할 때의 기도보다 짧지만 이루어주심을 믿고 의지하면서 감사함으로 5분 기도했다. 기도의 응답이 확실하게 나타났다.

내가 막내 여선교회 회장을 할 때 있었던 일이다. 회장을 했던 교회는 1여선교회가 제일 나이가 많으신 어르신들의 여선교회였고, 막내 여선교회가 12였는지 13여선교회였는지 시간이 너무 많이 흘러서 잘 생각이 나지 않는다. 그때 내가 서른 살이었던 것 같다. 하루는 밤 11시가 되어 전화가 왔다. 지방에서 서울로 결혼하며 온 회원이었다. 돌도 안 된 아이가 하나 있었다. 그런데 여동생이 얼마 전에 올라와서 같이 지내고 있었다. 직장을 알아보기 위해서였는데 말다툼을 하고 동생이 나가버렸다는 내용이었다. 얼마나 걱정이 되었는지 울면서 전화를 했었다. 나는 늦은 시간에 무례하게 전화를 했다는 생각으로 화가 나는 것이 아니라 얼마나 다급했으면 내게 전화를 했을까 싶어서 그 자리에서 간절히 기도했다.

아직 서울의 지리도 모르고 아는 사람도 없는데 어찌하면 좋을지 기도를 했다. 꼭 돌아올 것이라는 마음을 가지고 감사함으로 기도를 시작하고 얼마 안 되었는데 강하게 걱정하지 말라는 마음을 하나님이 주셨다. 내일 새벽이면 같이 새벽기도회에 올 것이라는 마음도 주셨다. 바로 그 여선교회 회원에게 전화를 했다. 금방 들어올 것이니 걱정하지 말라고 이야기해주었다. 정말로 새벽에 교회에 갔더니 그 두 자매가 나란히 앉아서 새벽기도회에 참석하고 있었다.

그리고 시댁에 가까운 교회를 다닐 때, 그 교회에는 부부찬양대가 있었다. 나도 남편과 부부찬양대에서 찬양을 했는데 당연히 부부찬양대라서 남녀의 비율이 1:1일 거라고 생각을 했는데 여성이 2~3명이 많았다. 그들은 남편이 교회에 등록도 안 한 분들이었는데 남편이 교회에 등록하고 부부찬양대에서 찬양할 것을 믿고 찬양대에 선다고 하셨다. 그들 중에 한 분은 남편의 구두를 들고 나와서 남편이 예수를 믿고 부부찬양대에 설 것을 믿고 감사함으로 기도하셨다. 그 뒤에 남편이 교회에 나오기 시작했음은 물론이다.

"하나님을 믿으라. 내가 진실로 너희에게 이르노니 누구든지 이 산더러 들리어 바다에 던져지라 하며 그 말하는 것이 이루어질 줄 믿고 마음에 의심하지 아니하면 그대로 되리라."(막 11:22~23)

이 말씀에서는 믿고 의심하지 않고 구하면 그대로 된다고 한다. 믿고 의심하지 않고 될 줄로 믿으면 감사가 절로 나오지 않겠는가? 교육전도 사로 사역할 때 아이들에게 말의 중요함을 가르쳐주기 위해서 읽었던 책이 있다. 『물로부터 전언』으로 에모토 마사루 박사가 쓴 책으로 물도 사람의 말에 의해 모양이 변한다는 내용이었다. 예쁜 말을 하면 물도 6각형으로 예쁜 다이아몬드 모양이 되고, 미운 말, 욕을 하면 일그러져서 미운 모양이 된다. 그래서 그때 설교의 내용이 '사람은 70%의 물로 이루어져 있기 때문에 우리가 예쁜 말을 사용해야 우리 몸에도 좋다'는 내용으로 설교했었다. 우리의 몸과 마음은 평소에 생각하는 언어의 지배를 받는다. 평소에 긍정적 언어, 신앙의 언어, 믿음의 언어를 사용해야 한다. 그것은 좋은 상황일 때만 그런 것이 아니다. 안 좋은 상황에서도, 기가 막힌 일을 당하였을 때도 마찬가지인 것이다. 목회 현장에서는 정말 상식으로 이해할 수 없는 여러 이야기를 들을 때도 있다. 긍정적인 말과 감사의 생활을 하자고 말하던 나도 가슴 깊은 곳에서 울화가 치밀고 정말로 아는 욕, 모르는 욕이 목구멍까지 올라올 때도 있다. 그러나 이야기를 하면서 잠시 마음으로 기도할 때마다 참고 기다리라고 주님은 말씀하신다.

바로 얼마 전에 있던 일이다. 권사님의 뒷집에 사는 분이 나무 관리를 안 하여서 권사님 집의 지붕 위까지 나무가 자라서 지붕 쪽에 있는 배수구가 막혀서 집 안 벽으로 물이 철철 흐른다는 것이다. 몇 번이나 나뭇가지를 치고 나뭇잎으로 막힌 배수구를 뚫어주기를 이야기해도 소용이 없다는 것이다. 권사님이 직접 하겠다고 대문이라도 열어달라고 해도 소용이 없고 집으로 들어오면 가택 침입으로 신고한다고 했다는 것이다. 며칠 전에 비가 너무 많이 와서 전화를 했다며 뒷집 주인이 자기는 도서관에서 책을 읽고 있어서 집에 없다고 하면서 집이 떠내려가기야 하겠냐고 했다고 속이 너무 쓰리고 가슴이 두근거려서 전화하셨다고 전화가 왔다. 이런 문제로 몇 년째 속을 썩으시는 것을 알고 있었기에 뒷집 주인의 행태에 내가 다 화가 나고 가슴에서 뭐가 치밀어 오르는 것만 같았다. 그러나 핸드폰을 붙잡고 기도하는데 마음으로 참고 견디면 더 좋은 것으로 갚으실 하나님을 바라보라는 마음을 주셨다. 그래서 "권사님, 감사할 수 없는 상황에 감사함으로 기도하며 하나님께서 주실 복을 바라봅시다." 말씀드렸다.

그 가정은 부부가 모두 암으로 투병 생활을 하시고 고침 받은 가정이었기에 간증이 있으셨다. 권사님도 "알지요. 하나님이 더 좋은 것으로 주시는 것을 받아봤지요."라고 하시며 그렇게 하겠다고 하셨다.

우리는 감사할 수 있을 때만 감사할 수 있는 사람들이 아니다. 고난을 통과해야지만 주시는 복이 있음을 안다. 고난 중에 불평과 불만을 하게 하는 것은 사탄이 주는 것이다. 우리가 불평할 때마다 사탄은 박수를 치며 좋아할 것이다.

그러기에 우리는 모든 말의 끝에 감사로 마치도록 하자.

"내가 낙헌제로 주께 제사하리이다. 여호와여 주의 이름에 감사하오리니 주의 이름이 선하심이니이다."(시 54:6)

모두 알겠지만 다윗의 삶은 평탄하지 않았다. 시편 54편 3절 "낯선 자들이 일어나 나를 치고 포악한 자들이 나의 생명을 수색하며 하나님을 자기 앞에 두지 아니하였음이니이다."라는 구절을 봐도 평안하고 좋을 때에 하나님께 감사한 것이 아님을 알 수 있다. 하나님을 믿는 우리는 고난 너머에 있는 축복을 볼 수 있어야 하고, 그 축복을 잡아당기는 힘이 믿음과 감사에 있음을 잊지 않도록 하자.

감사는 현재형으로 쓰자

07

우리가 사랑의 말을 들을 때 "사랑했었어."라고 듣는다면 어떤 기분일까? 아니면 "사랑하도록 할게."라고 한다면? 당신은 어떤 고백을 듣고 싶은가? 아무래도 과거, 미래보단 현재가 좋지 않을까? "나는 당신을 사랑합니다."가 정답일 것이다. 과거도 중요하고 미래도 중요하지만, 가장 중요한 것은 현재에 하는 사랑일 것이다. 감사도 계속 과거형이나 미래형으로만 한다면 옳지 않다. '감사했었다. 감사할 것이다.'가 아니라 '감사하다. 감사합니다.'라고 하는 것이 맞는 것이다. 앞에서도 말했지만, 많은 자기계발서에서 이미지 트레이닝 훈련을 시킬 때 생생하게 상상하고 된 것처럼 행동하라고 가르친다. 예를 들자면 좋은 차를 가지고 싶으면 매장에 가서 보고 만져보고 오고, 사진을 구해서 붙여놓고 매일 보고 타고 있는 자신의 모습을 계속 형상화하라는 것이다. 물론 우리 하나님을 믿는 자들의 신앙은 이렇게 물질적인 것에 국한되는 것은 절대로 아니다. 그러나 성경에서도 야곱이 이것과 흡사한 방법을 사용했다. 인류 최초의 이미지 트레이닝 지도자였던 것이다. 그것도 사람이 아니라 동물에게 사용하였다.

"야곱이 버드나무와 살구나무와 신풍나무의 푸른 가지를 가져다가 그것들의 껍질을 벗겨 흰 무늬를 내고 그 껍질 벗긴 가지를 양 떼가 와서 먹는 개천의 물 구유에 세워 양 떼를 향하게 하매 그 떼가 물을 먹으러 올 때에 새끼를 배니 가지 앞에서 새끼를 배므로 얼룩얼룩한 것과 점이 있고 아롱진 것을 낳은지라. 야곱이 새끼 양을 구분하고 그 얼룩무늬와 검은 빛 있는 것을 라반의 양과 서로 마주보게 하며 자기 양을 따로 두어 라반의 양과 섞이지 않게 하며 튼튼한 양이 새끼 밸 때에는 야곱이 개천에다가 양 떼의 눈 앞에 그 가지를 두어 양이 그 가지 곁에서 새끼를 배게 하고 약한 양이면 그 가지를 두지 아니하니 그렇게 함으로 약한 것은 라반의 것이 되고 튼튼한 것은 야곱의 것이 된지라."(창 30:37~42)

이 말씀에서 야곱의 신앙을 알 수 있다. 얼마나 대단한 믿음인가? 하나님이 해주실 거라는 믿음이 얼마나 철저했으면 튼튼한 양일 때는 가지를 눈앞에 두고, 약한 양일 때는 가지를 두지 않았다고 한다. 우리에게도 이런 믿음이 필요하다. 해주실 거라는 믿음을 생생하게 그리면서 기도하고 말해야 한다. 그렇다면 '앞으로 언젠가 그렇게 해주실 줄로 믿습니다.'라고 하는 것이 맞겠는가? '무엇 무엇을 해주셔서 감사합니다.'가 맞겠는가? 앞의 기도는 어쩐지 시간의 기약이 없이 막연한 것 같고, 들어주시면 감사하지만, 안 들어주셔도 할 수 없다는 느낌이다. 물론 '저의 생각은 이런데 하나님의 뜻에 맡깁니다.' 하는 기도도 있을 수 있지만 그것과는 다르게 내 스스로 '아무렴 어떻겠어.'라고 생각하고 기도하는 것은 아니라고 생각한다.

나는 여러 가지 이유로 이사를 무척 많이 다녔다. 처음에 이사를 다닐 때는 그냥 돈에 맞추어서 이사를 갔는데 이사를 많이 다니다 보니 피해야 하는 집에 대해서 알게 되었다. 추위를 많이 타는 나는 춥지 않은 집으로 가게 해달라고 초반에는 기도를 많이 했다. 그래서 그런지 겨울에 추위로 고생한 적은 결혼 초기 몇 번을 빼고는 없었다. 이사를 다니면서 기도는 점점 더 구체적으로 하기 시작했다. 언젠가부터 기도를 할 때 가고 싶은 모양을 생각하며 기도를 한다. 집 앞쪽으로 마당이 있었으면 좋겠다든가, 거실이 이렇게 생겼으면 좋겠다는 생각을 하면서 기도를 하면 정말로 하나님이 그런 집을 허락해주신다. 얼마 전에 이사를 했는데 이번에는 집의 구조보다 교회에서 10분이 안 걸리는 곳에 내가 가지고 있는 돈에 맞추어 이사할 수 있기를 기도했다. 그런데 이 동네가 보통 집값이 오른 것이 아니었다. 믿고 구하면 된다고 하던 나지만, 도저히 이사하기 어렵겠다는 생각이 들었다. 금액 차이가 너무 많이 났기 때문이다. 그래도 믿고 구하고 있었다.

"하나님 아버지, 제가 전도사 사역을 하는 동안 집이 멀어서 집에 가서 아침을 먹은 적이 없어요. 이제는 나이 때문에 아침을 안 먹고 사역하는 것이 힘이 듭니다. 주의 종에게 아침을 먹을 수 있게 해주실 줄로 믿습니다. 점심시간에도 한 시간 안에 점심을 먹고 다시 교회에 올 수 있는 위치에 집을 허락해주실 줄 믿고 감사드립니다. 감사합니다. 하나님, 기도에 응답하시니 감사합니다."라고 계속 기도했다.

그런데 거의 포기해야 하나 싶고, 아들 제대 날짜에 이사를 맞추자니 마음이 급해졌을 때, 생각지 못하던 부동산(전에 한 곳을 보여줬는데 아니어서 계약하지 않았던 곳)에서 말했던 것과 비슷하게 적당한 곳이 나왔으니 보겠느냐고 연락이 왔다. 화요일 점심시간을 이용해서 집을 보고 동영상을 찍어 식구들에게 보여주었더니 만장일치로 계약하라고 해서 계약하고 이사하게 되었다. 나는 이루어진 것처럼 생생하게 현재형으로 기도해서 이루어주신 것이 너무도 많다. 성도들의 급한 기도도 모두 그렇게 기도한다. 그러나 이렇게 기도한다고 다 들어주시는 것은 아니다.

"구하여도 받지 못함은 정욕으로 쓰려고 잘못 구하기 때문이라."(약 4:3)

이 말씀은 정욕으로 구하는 것은 잘못 구하는 것이라고 하신다. 내가 정욕으로 구하는 것이 아닌지, 맞는지를 기도할 때 하나님께서 그것은 정욕으로 구하는 것이라서 아니라고 알려주신다. 그러니 이것이 정욕으로 구하는 것인지, 오늘의 필요한 양식을 구하는 것인지 헷갈린다면 고민하고 있지 말고 기도하자. 하나님께 묻기도 전에 내가 스스로 '이건 안 들어주실 거야.' 하고 기도를 하지 않을 필요가 없다. 우선은 하나님께 기도하며 기도의 방향을 잡아가는 것이 맞는 것이다.

하나님은 '네 믿음대로 되라'고 하신다.

"믿음이 없이는 하나님을 기쁘시게 하지 못하나니 하나님께 나아가는 자는 반드시 그가 계신 것과 또한 그가 자기를 찾는 자들에게 상 주시는 이심을 믿어야 할지니라."(히 11:6)

말씀에는 하나님을 기쁘시게 하는 것이 믿음이라고 말하고 있다. 그러면서 하나님을 믿음으로 기쁘시게 한 성경의 인물들을 나열하고 있다.

노아는 해가 쨍쨍할 때에 하나님의 명령으로 배를 만들었는데 기간이 120년이었다. 아브라함도 하나님의 명령으로 길을 떠났는데 갈 바를 알지 못했다고 한다. 그러나 노아와 아브라함은 하나님의 말씀을 믿었고, 그 말씀대로 순종했다. 우리도 이와 같다. 미래의 것을 본 것은 아니지만 본 것처럼 믿고 감사함으로 나아가는 것이다.

"믿음은 바라는 것의 실상이요 보이지 않는 것들의 증거니 선진들이 이로써 증거를 얻었느니라." 히브리서 11장 1~2절 말씀도 믿음에 대해 말하고 있다. 믿음은 바라는 것을 실상으로 여기는 것이고 보이지 않는 것들의 증거라고 했다. 이런 마음을 가지고 기도하고 행하는 것이다. 믿음은 하나님이 도와주실 수 있을 것이라고 믿는 것이 아니다. 하나님이 도와주셨으면 하고 바라는 것도 아니다. **믿음이란 하나님이 반드시 그것을 하시리라는 것을 믿는 것이다.** 하나님이 우리 믿음을 보고 주시기로 하셨다. 우리의 지혜를 따라서 우리의 재능을 따라서 우리의 수완을 따라서 주신다고 말하지 않고 너희 믿음 대로 되라!고 말씀하셨다. 그러기에 우리는 하나님께 믿음 없음을 도와달라고 기도하고 믿음의 가장 완성인 감사를 덧붙여서 현재형으로 기도하고 기도 감사 노트에 적으면 되는 것이다.

나는 기도 감사 노트를 적는 것이 감사하는 것 외에 현재형으로 적는 것이 제일 중요하다고 생각한다. 이렇게 적는 것이 믿음이 필요하기 때문이다. 믿음이 없이는 현재형으로 이루어진 것처럼 적고 말하고 기도하기가 쉽지가 않다. 보통은 얼버무리는 말로 끝나기가 쉽기 때문이다. 대중기도, 대표기도도 보면 '~하게 하여주시기 원합니다.'라고 기도하는 경우가 있다. '되어서 감사합니다.'라든가, '이리저리 해주셔서 감사합니다.'라고 기도하는 것이 좋겠다. 애매하게 해서는 강한 믿음의 표현이라고 하기에는 아쉬운 것이다.

"그렇게 되면 좋을 것 같네요, 자매님 꿈이 이루어지면 좋을 듯싶네요, 형제님, 그곳에 취직되면 정말 대박이겠어요. 그렇게 되었으면 하고 기도해볼게요."라고 말하는 것은 참으로 형식적이고 체면치레인 것이다. 하나님께도 우리는 그냥 체면치레를 하는 사람인 것인가? 내가 하나님이라면 이렇게 기도해서는 들어주고 싶지 않을 것이다.

구약에 보면 옷을 찢고 재를 머리에 뿌리고 기도하는 모습이 표현되는 경우가 있다. 긴박하거나 죄악이 드러났을 때 하는 기도의 모습이다. 이런 경우에 그렇게 기도할까? '해주시면 좋고 아니면 어쩔 수 없어요.'라고 느껴지게 기도하겠는가? 적들이 쳐들어오는데 '우리의 성이 함락되지 않았으면 좋겠어요.'라고 기도하겠는가 말이다. 강한 기도는 믿음을 가지고 소망하는 것을 현재형으로 '됐다고 선포하며 감사함'으로 기도하는 것이다.

그리고 특히나 감사는 현재형으로 쓰는 것이다. '과거에 감사했어요. 미래에 감사하면서 살겠어요.'가 아니라 항상 '감사합니다. 감사해요.'라고 쓰고 말하고 기도하는 것이다. 왜냐하면 미래를 구체적으로 상상하려면 미래 시제로는 생생하게 꿈꿀 수가 없기 때문이다. 마치 과거에 일어난 일처럼 회상하듯이 미래의 일을 상상하면서 하나님께 간구할 때는 오늘 이룬 것처럼 현재 시제로 말하고 적어야 한다.

감사는 함께 나눌수록 커진다

08

미국과 캐나다 사이의 대서양쪽 국경에는 세계의 3대 폭포 중의 하나인 나이아가라 폭포가 있다. 인디언의 말로 '천둥소리'라는 뜻을 갖고 있는 이 폭포는 땅을 뒤흔드는 굉음과 하얗게 피어오르는 물안개, 그리고 주위의 절경 위에 걸려 있는 무지개로 많은 관광객을 모으고 있다. 이 폭포에서 빼놓을 수 없는 또 하나의 유명한 것은 레인보우 브리지라는 244m의 긴 무지개다리이다. 그런데 이 다리를 건넌 사람들이 갖는 의문이 있다. 폭포의 지류 양옆으로 가파르고 험한 협곡 위에 이렇게 튼튼한 다리를 어떻게 놓을 수 있었는가 하는 궁금증이다. 그런데 이 다리의 건설은 의외로 간단한 방법으로 설치되었다고 한다. 1847년 다리 설계시공 전문가인 찰스 엘렛 주니어는 이 협곡 사이에 다리 건설 요청을 받았다. 그 당시에는 교량건설 기술이나 설비가 발달되지 못했고, 또 헬리콥터 나 드론이 없었기에 긴 협곡 사이를 곧장 건널 방법도 없었다. 그런데 어 린아이가 연을 띄우는 모습을 보고 아이디어가 떠올라서 연을 띄워 협곡 건너편으로 날려 보냈다. 그리고서 연줄에 코일을 매달아 건너편에서 잡 아당겼고. 그 다음에는 가는 코일에 약간 더 강한 철사를, 철사에 밧줄을 매달아 당겼다. 마지막으로 밧줄에 쇠로 만든 케이블을 매달아 잡아당겼 다. 이렇게 해서 양쪽을 연결하여 쇠줄을 이용해 구름다리를 건설했다.

이렇게 244m의 협곡도 가느다란 줄 하나가 연결되자, 그곳에 마침내 거대하고 아름다운 무지개다리가 놓일 수 있었던 것이다. 기도 감사 노 트도 마찬가지다. 다른 사람과 함께 나눌 때 그 효과가 배가된다. 한 사 람 한 사람의 감사가 합쳐지면 덧셈이 아니라 곱셈이 되는 것이다. "한 사람이면 패하겠거니와 두 사람이면 맞설 수 있나니 세 겹 줄은 쉽게 끊 어지지 아니하느니라"(전 4:12)라는 말씀처럼 함께할 때 강해지는 것을 알 수 있다. 이와 같이 감사도 함께 나눌수록 강해지고 커지는 것이다.

한 사람이 쓰는 기도 감사 노트가 5가지라면 열 명이 쓰는 기도 감사 노트는 50가지의 감사에 대한 새로운 감사의 공감이 생긴다. 같은 것에서 놓친 것을 다른 사람의 감사를 보며 깨달을 수도 있고 공감하면서 생기는 에너지도 열 배가 되기 때문이다. 그런데 공유하라고 하면 부담스러워하는 사람들이 있다.

물론 개인의 사생활이 노출되는 것에 대해 부담스러워하고 걱정하는 것이 당연할 수도 있다. 우선 가족들이 서로 가정예배를 드리면서 일주일에 한 번 정도 서로 나누는 것을 해보는 것이 좋은 것 같다. 그리고 기도 감사 노트는 일기라고 하지만 매일 쓴다는 의미로 일기라고 했지, 일반 일기와는 다르다. 일기는 하루 중에 있었던 일을 나의 감정과 느낌을 쓰는 것이라면 기도 감사 노트는 감사와 기도에 초점이 맞추어져 있고, 하나님이 내게 주시는 은혜와 응답에 초점이 맞춰져 있는 것이다. 그렇기 때문에 서로의 감사를 나누다 보면 우선은 어떻게 써야 할지를 방향을 못 잡는 사람들과 한정되게 쓰던 사람들에게 도움이 된다. 그리고 하나님이 도우시는 방법과 응답에 같이 감사하며 은혜를 나눌 수 있다. 그렇게 하나님께 영광을 돌리는 방법이 된다. 그래서 기도 감사 노트를 공유하면 우리의 믿음이 더욱 굳건해질 수 있게 되는 것이다.

가정예배에서 감사를 나누면 불평과 불만이 사라지고 서먹했던 가정 분위기가 화목해지는 것을 알게 된다. 그리고 더 확장해서 속회에서 나눠보자. 속회원이 보통 세 명에서 많아도 열 명이 넘지 않으니 적당한 나

눔이 된다. 매주 하는 것이 어려우면 한 달에 한 번이라도 감사를 나눠보자. 다른 사람이 느낀 감사함이 나에게 전해지고 마치 내가 직접 그러한 감사를 느꼈던 것처럼 기뻐할 수 있게 된다. 긍정적인 기도 감사 노트를 서로 공유한다는 것은 서로에게 하나님의 은혜를 끼치는 것이 된다. 하나님이 기뻐 받으시는 모임이 될 것이다.

우연히도 내가 이 글을 쓰기 시작하면서 우리 교회에서 홈페이지에 매일 하루를 돌아보며 감사 게시판에 한 줄 감사를 추수감사주일까지 적기로 했다. 우리 교회 식구들만 볼 수 있는 제한적인 온라인을 통해 서로의 감사를 나눌 때, 그 감사는 10배, 100배의 감사로 넘쳐날 수 있다고 나는 생각한다. 목회자들은 코로나19로 모이기 어려울 때라도 항상 성도님들을 생각하고 교회에 작은 것이라도 참여하며 공동체라는 인식을 갖게 하기 위해서 기도하고 아이디어를 구하며 쉬지 않고 고민하고 있다. 감사하게도 하나님께서 그 하나님의 사랑을 부어주셔서 성도님들을 생각하면 가슴이 뜨겁고 눈물로 기도하게 하심을 감사드린다. 그 사랑이 작은 것이지만, 감당할 때마다 성도님들의 마음에도 스며들기를 이 시간도 기도한다.

기도 감사 노트를 쓰다 보면 좋아하는 사람에게 전해주고 싶은 마음이 생긴다. 그래서 주위에 사람들이 힘들어하거나 기도의 응답이 없다고 하면 나도 모르게 기도 감사 노트를 써보라고 하거나 기도할 때 이루어주실 것을 믿고 응답받은 것처럼 생각하고 간절하게 감사하며 기도해보라고 말하게 된다.

요즘은 언제 어디서나 스마트폰으로 SNS에 접속해서 자신의 일상을 올리고 사진도 올린다. 그러나 나와 모르는 대중에게 나의 기도 감사 노트를 올리는 것은 무리가 있다. 어떤 사람은 자신의 SNS에 기도 감사 노트를 올린다는 말을 들었다. 손에 노트를 갖고 다니지 못할 때는 그것도 좋은 방법이라고 생각한다. 이해하지 못하는 사람이 기도 감사 노트를 보며 아무 생각 없이 한 말에 우리가 상처를 입을 수도 있기 때문이다. '무슨 이런 사소한 것을 기도하느냐?', '기복적인 신앙을 갖고 있다.' 등의 말로 상처를 주기도 한다. 그래서 모두 볼 수 있는(불특정 다수를 대상으로 하는 곳) 개방형 SNS는 기도 감사 노트를 쓰기에는 부적합하다.

기도 감사 노트를 이해하는 사람들만 모인 폐쇄형 SNS를 사용해야 한다. SNS 상에서 나눌 경우에는 감사기도를 위한 모임방 등을 통해서 기도 감사 노트를 공유하는 것이 좋다. 이때는 너무 많거나 적어도 안 된다. 너무 많으면 다 읽을 수가 없고 한 명쯤 안 쓰거나 빠져나가도 알 수가 없기 때문이다. 그렇다고 적은 숫자가 좋겠다고 두 명이 하게 돼도 안좋다. 둘이 하다 보면 한 명이 무슨 일이 있을 때 혼자 쓰는 것의 의미가 없고 둘은 너무 힘이 생기지 않는다. 힘이 없다는 것은 오래 지속할 수 없다는 것이다. 최소 세 명에서 예닐곱 명까지가 적당하다. 그리고 기도 감사 노트를 올리는 곳에는 감사 외에 다른 이야기를 나누어서는 안 된다. 이 원칙을 처음에 만들지 않으면 감사에 관련된 내용보다 사담이 많아지고 나중에는 감사는 빠지고 농담이나 일상의 다른 이야기로 가득 찰 것이다. 그렇기에 처음부터 기도 감사 노트 외에는 다른 글은 올리지 않는 원칙을 꼭 지켜야 한다.

기도 감사 노트를 올릴 때는 내가 노트에 적은 것에 오른쪽 것을 올리도록 한다. 왼편에는 오늘 내가 한 기도가 있다. 예를 들자면 왼쪽 '나는 매일 잠을 쉽게 자지 못한다. 밤새 잠이 안 와서 뒤척이게 된다.' 오른쪽에는 '어제는 갱년기 증세로 잠을 설쳤지만 오늘은 베개를 베고 5분도 안 되어 스르르 잠이 들게 해주심을 참으로 감사드립니다. 잠을 푹 자고 나니 아침에 개운하고 공기도 나무도 모든 것이 맑고 아름다워 보입니다. 학교에서 직장에서 능률도 오릅니다. 감사합니다.'라고 믿고 구한 것을 기록하는 것이다. 왼쪽에 쓴 글은 마음에 원하는 구한 것을 현재형으로 감사함으로 적는 것이다. 처음 얼마간은 리더가 있어서 현재형으로 구체적으로 감사함으로 고치지 못한 것이 있으면 알려주면(코치해주면) 좋다.

"너희는 사도들과 선지자들의 터 위에 세우심을 입은 자라. 그리스도 예수께서 친히 모퉁잇돌이 되셨느니라. 그의 안에서 건물마다 서로 연결하여 주 안에서 성전이 되어가고 너희도 성령 안에서 하나님이 거하실 처소가 되기 위하여 그리스도 예수 안에서 함께 지어져 가느니라."(엡 2:20~22)

이 말씀처럼 우리는 그리스도 예수께서 친히 모퉁잇돌이 되어주시고 우리는 서로 연결되어 주 안에서 성전이 되어가는 중이다. 하나님의 거하실 처소가 되기 위하여 우리는 유기적인 관계를 유지하며 서로서로를 돕고 연합하여 귀한 하나님의 일을 감당해나가는 것이다.

"내게 주신 은혜로 말미암아 너희 각 사람에게 말하노니 마땅히 생각할 그 이상의 생각을 품지 말고 오직 하나님께서 각 사람에게 나누어 주신 믿음의 분량대로 지혜롭게 생각하라. 우리가 한 몸에 많은 지체를 가졌으나 모든 지체가 같은 기능을 가진 것이 아니니 이와 같이 우리 많은 사람이 그리스도 안에서 한 몸이 되어 서로 지체가 되었느니라."(롬 12:3~5)

이 말씀처럼 우리는 많은 사람이 그리스도 안에서 한 몸이 된 것이다. 한 사람으로 할 수 없는 것을 여럿이서 할 수 있게 하는 것이다. 각자의 달란트와 은사에 맞추어 아름다운 공동체를 이루어나갈 수 있도록 하자.

기독교도 생각해보면 예수 그리스도가 부활 승천하시고 로마의 억압이 있을 때 제자들이 모두 도망가버리고 믿음의 선배들이 모이지 않고 흩어져 지냈다면 우리가 예수 그리스도의 삶과 사역을 알 수 있었을까? 하는 궁금증이 든다. 믿음의 선배들이 함께 모여 예수 그리스도에 대한 내용을 공유하지 않았다면 우리는 아무것도 알 수 없었을 것이다. 그러나 그들이 모여서 이런 내용을 공유하고 기록하였기에 수천 년이 지난 지금까지 예수 그리스도를 아는 것이고 전 세계에 예수님을 믿는 사람들이 많아진 것이다. 감사도 마찬가지다. 나눌수록 공유할수록 감사는 더욱 커져서 걱정이나 불안 근심이 들어올 틈을 막아버리고 기쁨과 행복이 넘치는 가장 좋은 믿음의 결실이 되는 것이다.

나를 위한 감사 파티

09

예전엔 우리나라에 파티 문화가 거의 없었다. 어른들을 위한 환갑잔치, 칠순잔치가 대부분이었다. 아이들을 위한 거라곤 돌잔치밖에 없었다. 그러나 요즘은 생일 파티, 파자마 파티 등 파티 문화가 자리를 잡았고 예전처럼 호화스럽지 않은 소소한 파티도 많아졌다. 내 기억을 되짚어보니 소소하지만 친구들과 했던 파티가 생각이 났다.

나는 10대와 20대에 가정형편이 어려웠다. 엄마와 내가 버는 것이 생활비의 전부였는데 학생이 많던 우리 집에서는 항상 돈이 부족했다. 그래서 일반 직장에서 받는 월급으론 부족해서 엄마 친구 남편이 운영하는 회사 경리과에 취직하려고 친구들에게 기도 부탁을 했다. 취직이 되면 한턱을 쏘겠다고 했다. 아마 이것이 나를 위한 감사 파티의 첫 번째인 것 같다. 정말 여러 가지로 나는 그곳에 취직할 수 있는 조건에 많이 부족했다. 상업계를 나온 것도 아니고 주산, 부기, 타자…. 지금은 생소한 이런 자격증도 없었다. 물론, 그곳 사장님이 조금 아는 분이기는 했지만 나보다도 더 가까운 친인척도 이력서를 냈다는 말을 들어서 그것은 아무런 도움이 되지 못하는 것이었다.

그래서 친구들과 함께 기도를 했다. '될 줄로 믿습니다.' 그땐 참 억지 기도라고도 생각했다. 그래도 그곳에 취직해야 한다는 생각이 강해서 기도원까지 다녀왔다. 시간이 되는 친구와 둘이, 그때는 핸드폰이 없던 시대라서 기도원에서 내려오는 길에 엄마에게 전화를 했다. 엄마는 빨리 좀 연락하지 그랬냐면서 빨리 오라고 사장님께서 면접을 보자고 하셨다고 했다. 엄마는 내가 기도원에 갔다고 하기가 그래서 시골에 내려갔다고 했다며 다른 사람들은 면접 다 봤는데 나만 따로 보는 것이라고 했다. 나는 속으로 두 가지의 생각이 들었다. '면접 날짜를 못 맞춰서 가면 떨어진 것이 아닌가? 왜 따로 보자고 하시는 거지?' 하는 생각과 '따로까지 보자고 하는 거면 서류가 통과된 것인가?' 하는 생각에 면접을 보러 가면서도 뭐가 뭔지 몰랐지만 하나님께서 내 기도를 들어주실 것이라 믿으며 면접 장소에 도착했다.

엄마가 아시는 친구의 남편 사장님만 계신 것이 아니고 몇 분이 더 계셨다. 친한 회사 사장님 몇 분이 함께 직원을 구하게 되어 같이 면접을 보고 필요한 직원을 채용하게 되었다고 하셨다. 엄마가 아시는 분은 회사가 강남 쪽이라서 집에서는 출퇴근 시간이 많이 걸렸는데 내가 일하게 된 곳은 종로 쪽이라서 버스 노선이 많았다. 하나님은 더 좋은 방법으로 나를 인도하신다. 친구들의 중보기도 덕분에 이루어진 취직이었다. 취직이 확정되자마자 친구들과 함께 자취하는 친구 집으로 모여서 감사 파티를 열었다. 자연스레 간증과 감사가 어우러진 파티를 우리는 과자를 먹으며 나눴다. 그 후로 나는 중요한 기도가 있을 때나 감사가 넘칠 때 집에서 파티를 연다. 그리고 감사 선물도 한다. 어떤 경우엔 감사 선물을 미리 당겨서 믿음으로 선물하기도 한다. 이것을 가정에서, 소그룹에서 적용할 수 있다.

얼마 전에 이사를 놓고 온 가족이 기도하며 준비를 했었다. 아들이 제대를 해서 이사를 해야 하는 상황인데 돈은 부족하고 집값은 많이 오른 상황에서 시간은 자꾸 흘러가고 있었다. 몇 군데를 아들과 둘러봤는데 원하는 동네로 가기는 어려울 것만 같았다. 이사하는 동네를 생각했던 곳에서 바꿔야 할지를 놓고 고민하고 있었다. 쉬는 월요일에 전에 살던 동네로 집을 알아보고 들어왔다. 집값 차이가 많이 난다는 것을 알 수 있었다. 그래서 하나님께 여쭙는 기도를 했다. "많은 거리의 차이는 아니지만 구가 달라서 그런지 이쪽엔 집이 그래도 있는데 가고자 하는 곳엔 지금 이 돈으론 가기가 어려울 것 같습니다. 이럴 땐 어찌해야 할까요? 날짜는 이제 얼마 남지 않았습니다. 하나님만이 하실 수 있습니다. 하나님, 우리 식구가 살 수 있는 집을 허락해주실 줄 믿고 감사합니다. 제가 아침과 점심을 집에서 밥으로 먹을 수 있게 해주시니 감사합니다." 기도를 마치자마자 문자가 들어왔다. '전에 집을 보여드린 부동산인데 말씀하신 그런 집이 오늘 나와서 연락드립니다. 언제 오셔서 보시겠어요?'라고. 그 문자를 본 시각이 5시가 안 된 시간이었다. 전에 같으면 '지금 갈게요.'라고 했을 것인데 동네를 돌며 집을 보고 와서 그런지 피곤도 했지만, 내 집이 되려면 안 나가고 있을 것이라는 마음이 들었다. 그래서 내일 점심시간 이용해서 가겠다고 답장을 쓰고 그다음 날 점심시간에 부동산으로 갔다. 집주인이 그 부동산에만 어제 내놔서 아직 보러 온 사람이 없다고 했다. 점심시간이라서 그냥 빈손으로 보러 갔기 때문에 그 자리에서 계약할 수가 없어서 다른 사람에게 계약하지 말고 저에게 달라고 해도 '계약하기 전에는 빨리 계약하는 사람이 먼저지 무슨 소리냐'고 하지 않으시고 '알겠다'고 했다.

사실 그 시점에서 우리 집이 나간 것이 아니었는데 아들의 제대에 맞추기 위해 집을 먼저 얻는 것이라서 재정적 무리가 따랐다. 그러나 이사하려는 집이 원하던 자리에 원하던 크기와 집 구조를 보고 하나님께서 허락하신 집이라고 믿고 계약을 했다. 바로 우리가 기도하던 집이 그곳에 있었다. 그날 저녁 식구들이 모여서 감사를 드리면서 파티를 했다. 그렇게 딱 맞는 조건의 집을 허락하신 하나님께 감사하며 기도하고 맛있는 식사를 하는 것이 우리 집의 감사 파티이다.

그렇게 감사 파티를 하는 그때도 살고 있는 집은 어떤 계약도 되기 전이었다. 전에 살던 집은 매매를 원했지만 너무 안 나가서 전세로도 내놓은 상태였다. 매매로는 한 번도 보러 오지 않았고, 전세는 많이 보러 왔는데 계약하러 올 것처럼 이야기하고 계약은 계속 이루어지지 않았다. 그런데 이사 갈 집을 수요일에 계약했는데 토요일에 집으로 가는 차에서 전화를 받았는데 우리 집을 본 분이 계약하고 싶다고 하신다고 연락이 왔다.

매번 그렇게 계약이 쉽지 않았기 때문에 가는 중이니 기다리시라고 했다. 버스 안이라서 끊으려고 하는데 가격을 깎아 달라고 한다. 전세에서는 깎아달라는 소리를 들어보지를 못해서 다시 물어봤다. "전세를 말씀하시는 건가요? 매매를 말씀하시는 건가요?" 매매라고 하셨다. 나는 팔리면 팔리고 말면 말라는 생각으로 "그 가격에서 깎아드리고 말고 할 게 있나요? 그렇게는 안 될 것 같아요."라고 했다. 살 집도 계약했고 돈 문제를 생각하면 깎아서라도 팔아만 달라고 해야 할 텐데 안 된다고 했다.

그런데 부동산에서 30분을 기다린 분이 "원래 그 집을 보려고 했던 것이 아닌데 부동산 사장님이 보기만이라도 하시라고 해서 들어가 봤는데 너무 마음이 편안해요. 혹시 목사님이세요? 전도사님세요?" 하고 물었다. 책이나 그런 것이 신앙 서적이 많아서 그렇게 느끼신 것 같다. 그러면서 집의 가격을 올려주셨다. 그 집을 살 때는 내가 집을 처음 사는 것이라서 깎거나 하면 안 되는 줄 알고 가격에 대한 아무런 이야기를 안 했더니 전 주인이 금액을 조금 깎아줬었다. 그런데 사는 사람도 조금의 금액을 올려주었다. 이런 경우를 나는 들어본 적이 없는 것 같다. 감사는 이렇게 생각지 못한 일들을 만들어낸다.

많이 들어봤을 것 같다. 신앙을 위해 박해를 받던 청교도들의 이야기 말이다. 1564년 이래로 영국의 성공회와 그 헌법에 대항하여 장로교 헌법을 새롭게 재정하고 성공회에 대항한 영국의 청교도 캘빈주의자들 102명이 1620년 9월 16일에 영국 플리머스항에서 '메이플라워호'를 타고서 종교의 자유를 찾아서 신대륙으로 떠났다. 영국은 16세기 헨리 8세가 수립한 성공회를 국교로 삼고 제임스 1세가 왕으로 즉위하자 청교도에게 개종을 강요했다. 그러자 많은 영국 청교도인들은 신대륙으로 가길 원했다. 그러나 그들은 질병과 배고픔에 시달리며 66일간의 향해를 한 끝에 그해 11월 21일 오늘날의 매사추세츠 지역에 도착한다. 이때는 매우 추운 겨울이었기에 많은 사람이 사망했다. 이후 원주민들에게 옥수수 재배 등을 배웠고 가을 수확에 감사하는 '추수감사절'을 보내기 시작했다. 우리가 가장 잘 아는 감사 축제(파티)의 시작은 이렇게 정말 감사할 수 있는 상황에서 드린 감사 파티가 아니었다. 죽음과 고통과 절망, 배고픔에서도 감사했던 것을 알 수 있다. 열두 정탐꾼의 이야기처럼 열 명은 보이는 것을 이야기했고 두 명만이 감사의 눈으로, 믿음의 눈으로 바라보았다.

"그 땅 거주민은 강하고 성읍은 견고하고 심히 클 뿐 아니라 거기서 아낙 자손을 보았으며 아말렉인은 남방 땅에 거주하고 헷인과 여부스인과 아모리인은 산지에 거주하고 가나안인은 해변과 요단 가에 거주하더이다. 갈렙이 모세 앞에서 백성을 조용하게 하고 이르되 우리가 곧 올라가서 그 땅을 취하자 능히 이기리라 하나 그와 함께 올라갔던 사람들은 이르되 우리는 능히 올라가서 그 백성을 치지 못하리라 그들은 우리보다 강하니라 하고 이스라엘 자손 앞에서 그 정탐한 땅을 악평하여 이르되 우리가 두루 다니며 정탐한 땅은 그 거주민을 삼키는 땅이요 거기서 본 모든 백성은 신장이 장대한 자들이며 거기서 네피림 후손인 아낙 자손의 거인들을 보았나니 우리는 스스로 보기에도 메뚜기 같으니 그들이 보기에도 그와 같았을 것이니라."(민 13:28~33)

우리도 마찬가지이다. 불평과 불만의 시각으로 보는가, 할 수 있다는 믿음의 감사로 보는가에 따라 우리의 상황과 환경은 아직 그대로일지라도 모든 것을 가능하게 하시는 주님을 바라보며 믿고 감사드려야 한다. 그럴 때 어찌 되는가 보라.

나를 위한 감사 파티를 자주 열자. 남들이 미쳤나 보다고 해도 좋다. 현실은 지옥이라고 해도 그 너머에 있는 주님을 바라보며 담대하게 선포하자. 우리는 십자가에서 승리하신 예수 그리스도처럼 환경과 상황 가운데서 승리했다. 성공했다. 잘됐다. 감사의 파티를 열자.

The Gift of GOD

3장

하나님의 뜻을 위하여, 우리를 위하여 기도하자

영적인 충만함을 위해 기도하자

01

"하나님이여 내 속에 정한 마음을 창조하시고 내 안에 정직한 영을 새롭게 하소서. 나를 주 앞에서 쫓아내지 마시며 주의 성령을 내게서 거두지 마소서. 주의 구원의 즐거움을 내게 회복시켜 주시고 자원하는 심령을 주사 나를 붙드소서."(시 51:10~12)

우리는 날마다 내 안에 하나님이 주시는 정직한 영으로 새로워야 한다. 우리가 싸우는 싸움은 영적인 싸움이기 때문이다. 살아가는 동안의 매일이 영적인 싸움이다. 어떤 분들은 '나는 싸움은 안 하는데.'라고 생각할 수 있지만 그것은 육적인 싸움을 말하는 것이고 지금도 영적인 싸움은 계속되고 있다. "근신하라 깨어라 너희 대적 마귀가 우는 사자같이 두루 다니며 삼킬 자를 찾나니"라고 베드로전서 5장 8절에 기록되어 있다. 그러므로 우리에게 필요한 것은 영적인 충만함이다. 성도들의 영적인 충만함은 하나님의 영이신 성령으로부터 온다. 베드로전서 5장 8절 앞쪽에 근신하라고 되어 있는데 4장 7절에 보면 "정신을 차리고 근신하여 기도하라."라고 되어 있다. 예수님도 공생애 전에 40일 금식기도를 하셨고 제자들을 택하기 전에도 기도하셨다. 물론 십자가를 지시기 전에는 감람산에 습관에 따라 가셔서 힘쓰고 애써 더욱 간절히 기도하시니 땀이 땅에 떨어지는 핏방울 같이 되었다고 기록하고 있다. 하나님의 아들이신 예수님도 이렇게 기도하셨는데 우리도 기도가 습관이 되도록 해야 한다. 간절하게 기도해야 하는 것은 당연한 것이고 말이다.

나도 어려서부터 하나님께서 여러 상황과 환경으로 기도하게 하신 것에 감사드린다. 그때는 예수님을 믿으면 복을 받는다는데 나에겐 왜 이리 환난과 고난이 많은지 알지 못했는데 지금 생각하면 고난이 내게 유익이 되었다. 그래서 어렵거나 내가 해결할 수 없는 일은 기도부터 시작하고 보는 것이 습관이 되었는데 서른 살에 여선교회장을 할 때의 일이다. 회원 중에 남편이 교회에 오지 않아서 기도하는 가정이 생각보다 많았다. 그래서 가능한 모든 회원에게 아침 금식과 기도를 하자고 건의를 했다. 감사하게도 막내 여선교회에서 전도가 제일 잘되는 사태가 벌어졌다. 한 달에 한 번 있는 선교회 회의에서 막내여선교회에서 이러한 기도를 한다고 보고를 했고 담임목사님께서 너무 기뻐하시고 칭찬해주셨다. 언니 여선교회에서도 잘했다고 칭찬들을 해주셨다. 그런데 나이가 나보다 열 살 정도가 위인 여선교회 회장님께서 "우리 남편을 위해서도 기도해줘."라고 하셨는데, 그때는 이해가 되질 않았다. 남편이 누군지도 모르겠고, 아이들 키우면서 아침 금식을 하는 것이 그때는 너무 힘이 들어서 '어린 내게 저런 부탁을 하실까? 우리를 위해 기도해주시겠다고 하는 것이 아니라 기도를 해달라니…. 우리 여선교회 기도만으로도 넘쳐나는데.' 하고 생각했다. 아이들 건강이며 임신, 출산 등, 나는 두 아이를 데리고 심방과 전화, 기도로 정신이 없을 때였다. 그러나 그 집사님이 "집사님이 기도해주면 남편이 나올 것 같아."라고 한 말이 계속 찜찜했다.

지금이라면 기도 부탁을 하셨으니 찜찜한 마음이 있었으면 기도를 했을 것을…. 그땐 우리 여선교회 일로도 바쁘다는 생각으로 기도하지 않았다. 그리고 나이 차이가 있어서 그 집사님의 가정 형편을 나는 아무것도 몰랐다. 아들, 딸이 중학생 정도라는 것밖에 말이다. 그래서 그냥 남편이 사업으로 바빠서 교회에 안 오시는 것 정도라고 생각했다. 그런데 얼마 지나지 않아서 그 집사님이 이혼을 했다는 것과 미국으로 이민을 가신다는 소식을 전해 들었다. 남편이 젊은 사람과 바람이 나서 이미 별거 중이었고 그 젊은 여자가 임신을 해서 이혼을 했다는 거였다. 마음이 무너져 내리는 것이 이런 것이라는 걸 그때 알게 됐다. '기도할 걸. 내막을 몰라도 한 번이라도 간절히 기도해볼 걸.' 계속 후회가 됐다. 그래서 기도도 때가 있다는 것을 알았다. 나중으로 미루지 말자.

"그곳에 이르러 그들에게 이르시되 유혹에 빠지지 않게 기도하라 하시고 그들을 떠나 돌 던질 만큼 가서 무릎을 꿇고 기도하여 (중략) 기도 후에 일어나 제자들에게 가서 슬픔으로 인하여 잠든 것을 보시고 이르시되 어찌하여 자느냐 시험에 들지 않게 일어나 기도하라 하시니라."(눅 22:40~41, 45~46)

말씀을 보면 예수님께서 유혹에 빠지지 않게 시험에 들지 않게 기도하라고 하신다.

신학교에 다닐 때는 저녁에 시간을 정하여서 한 시간씩 기도를 하였다. 신학교에 다닐 때의 주요 기도 제목은 신학교에 가보니 모두 본인의 사명은 무엇이라고 자기소개 시간에 이야기를 하던데 나는 신학을 공부하라는 마음을 주셔서 신학교는 공부하러 간 것이라서 사명에 대해 별로 생각해보지 못했다. 그래서 나는 하나님께 나의 사명이 무엇인지 기도하기 시작했다. 아는 목사님들께서 집사님은 미용을 할 줄 아니 선교하시면 좋겠다고 그러서서 하나님께 기도할 때 여쭤봤다. '하나님, 제게 미용을 배우게 하심이 이때를 위함이니까?' 하고 기도했다. '선교의 사명이 있으면 알려주세요.' 하고 기도를 계속하고 있었다. 그런데, 하루는 하나님께서 "나는 다른 나라보다 이 나라가 더 걱정이란다."하는 마음을 주셨다. 그러나 뚜렷하게 어떤 사명을 말씀해주시지는 않았다. 언제나 하나님은 반 발자국 앞만 알려주신다. 먼 훗날은 알려주시지 않는다. 내가 생각이 많고 미리 앞서 계획하는 것을 하나님은 아시는 것이다. 우리는 때로 하나님보다 앞서서 가려고 할 때가 있다. 하나님은 앞서가는 것을 좋아하지 않으신다. 앞서갈 때마다 하나님은 뒷짐을 지시고 지켜보신다. 넘어지고 자빠지고, 어떤 경우에는 낭떠러지로 떨어지고 난리를 피우고는 하나님께로 다시 돌아오는 것이 바로 나라는 사람이다. 그래서 한 번도 하나님은 내게 먼 미래의 일을 말씀해주시지 않는다. 코앞의 일만 말씀하시거나 나의 일이 아닌 것에 잘 응답해주신다. 그래서 때로는 '제 일도 좀 알려주세요.' 떼를 쓰기도 하지만 항상 족하게 여기라고 하신다. 아멘으로 답할 수밖에 없다. 그래도 항상 기도할 때마다 하나님의 한없는 은혜를 부어주시고 영적 충만함으로 인도하시니 감사드리지 않을 수 없다.

신학교 3학년 때 교목실에서 우리 집과 가까운 교회에서 사역자를 구하고 있다며 이력서를 넣어보라고 해서 이력서를 넣었는데 연락이 왔다.

될 거라고 생각을 하고 넣었어야 하는데 나이 때문에 안 될 것이라고 생각하고 이력서를 넣었으니 갑자기 난감해졌다. 다니는 교회에 교사도 하고 있었고, 담임목사님께 당장 이야기해야 하는 상황이 된 것이다. 담임목사님은 기도해주시며 성도일 때와는 다를 텐데 잘 감당하시라며 기도를 해주셨다. 그때 담임목사님이 나보다 살짝 나이가 많으셨는데, 표정이 양을 이리에게 보내는 것 같은 표정이셨다.(개인적인 생각이다.) 그리고 옆에 계시던 나보다 나이가 어린 전도사님들이 따라 나와서는 그 교회에서 알던 친구가 진짜 성실하고 좋은 사람인데 세 달을 못 견디고 나왔다며 걱정을 하시는 거였다. 그렇지 않아도 자신감 결여의 내게 그 말이 얼마나 겁이 났는지 3일 금식에 들어갔다. 3일 금식은 '잘할 수 있도록 해주세요.'가 아니고 '안 할 수 있게 해주세요.'였다.

정말 내가 본 교육전도사님들이 모두 20대였다. 그런데 나는 아이가 둘 있는 30대 후반의 아줌마가 초등부를 담당한다는 것이 자신이 없었다. 면접을 가서 이야기 듣기를 아이들이 60명 정도가 된다고 했다. 나는 교사일 때 10명 이상의 반을 맡아본 적이 있어서 그 정도 숫자의 초등부이기를 바랐다. 그런데 60명의 아이들도 부담되던 때에 본 교회의 전도사님 이야기가 공포로 다가왔다. 20대의 성실한 전도사님이 세 달을 못 있고 그만뒀다는 말이 그 교회의 목사님이 너무 무서울 것만 같았다. 그래서 울며불며 "하나님, 제가 기도를 충분히 하지 않고 사역을 하겠다고 한 것 잘못했습니다. 없던 일로 해주세요." 간절히 기도했다. 3일 기도를 끝내고 교회로 전화를 했다. 부목사님이 받으셨고, 나는 너무 부족해서 못 할 것 같다고 죄송하다고 이야기를 했다. 이렇게 끝났으면 했는데 부목사님께서 해보지도 않고 못 하겠다고 하면 안 된다고 주일에 무조건 오라고 하셨다. '아~ 이게 아닌데요. 하나님.' 주일학교 설교를 준비해서 교회로 일찍 갔다. 9시 설교 시간에 사모님이 오셔서 맨 뒷자리에 앉으셨다. 난 엄청 떨렸지만 아무렇지도 않은 것처럼 설교를 했다. 그래도 교사를 하며 오후 시간에 주일학교 아이들에게 인물 이야기도 하고 동화나 찬양을 해주던 것이 있어서 조금은 차분하게 할 수 있었다.

설교가 끝나고 사모님께서 잘할 수 있다고 하고도 부족한 사람들도 있었는데 잘하면서 왜 못 하겠다고 했냐며 안심이라고 하시고 가셨다. 그리고 목사님은 무서운 분이 아니고 너무 재미있으신 분이었고, 금요기도회마다 너무나 큰 은혜를 받을 수 있었다. 그곳에서는 하나님이 다른 기도의 습관을 주시기 원하셨다. 부흥회를 앞두고 담임목사님께서 새벽기도회 40일을 선포하셨다. 나는 공부를 10시부터 새벽 2시까지 하는 버릇이 있다. 전도사로 사역을 나갔다고 레포트나 시험이 없는 것이 아니었다. 레포트 때문에 새벽 2시까지 워드를 치고 있으면 남편은 새벽예배에 안 가냐고 했다. 새벽 2시에 자고 새벽예배를 나가는 것을 보며 남편이 세상에서 제일 무서운 것이 사명이라고 했다. 그리고 부흥회를 하고 마치는 날 부흥 목사님이 새벽기도회 70일을 선포하셨다. '주여!' 110일을 택시를 타고 다니며 새벽기도회를 마쳤다. 당연히 나는 세 달 만에 그만 두지 않고 은혜롭게 신학공부를 마치기까지 사역을 했다.

영적인 충만함을 위해 하나님께서 기도의 훈련을 시키실 때 순종하며 근신하여 깨어 기도하자. 기도는 선택이 아니고 성도들의 필수인 것이다. 기도할 때 시험을 피할 수 있는 길을 주시고, 피할 수 없을 때는 이길 힘을 주신다. 세상은 바쁘다는 것으로 성도들의 기도의 시간을 줄이고 없애고 있다. 그러나 우리는 기도할 시간이 없어서 기도하지 못한다고 당연하게 이야기해서는 안 된다. 바쁠수록, 힘들수록, 더욱 기도에 힘써야 한다.

조용히 하나님을 바라보는 시간을 가져라

02

"나의 영혼이 잠잠히 하나님만 바람이여 나의 구원이 그에게서 나오는 도다. 오직 그만이 나의 반석이시요 나의 구원이시요. 나의 요새이시니 내가 크게 흔들리지 아니하리로다."(시편 62:1~2)

이 말씀을 보면 다윗의 신앙을 알 수 있다. 다윗은 삶이 평안하고 부유해서 잠잠히 하나님만 바라볼 수 있었던 것이 아니다. "넘어지는 담과 흔들리는 울타리같이 사람을 죽이려고 너희가 일제히 공격하기를 언제까지 하려느냐. 그들이 그를 그의 높은 자리에서 떨어뜨리기만 꾀하고 거짓을 즐겨하니 입으로는 축복이요 속으로는 저주로다. 셀라."(시 62:3~4) 라고 기록하였고 시편 62편 10절에 보면 "포악을 의지하지 말며 탈취한 것으로 허망하여지지 말며 재물이 늘어도 거기에 마음을 두지 말지어다."(시 62:10) 3~4절 말씀을 보면 사람을 믿고 의지했다가 배신을 당했고, 10절에 말씀을 보면 다윗이 권력과 돈을 의지했다는 것을 알 수 있다. 다윗도 실패를 겪고 나서야 시편 62편 11절에서 12절에서 마음의 결론을 내릴 수 있었던 것이다. "하나님이 한두 번 하신 말씀을 내가 들었나니 권능은 하나님께 속하였다 하셨도다. 주여 인자함은 주께 속하오니 주께서 각 사람이 행한 대로 갚으심이니이다."라는 말씀에서 다윗이 권세가 하나님께 있음과 인자하심으로 사람에게 갚으심을(사랑의 하나님이심을) 알게 되었다는 것이다. 그렇기에 하나님만 잠잠히 바라보는 믿음의 사람으로 변화된 것이다. 이런 믿음이 있을 때 우리는 조용히 하나님만 바라볼 수 있는 것이다.

나도 처음으로 심방전도사로 사역을 나가서 여러 어려움이 있었지만 나름 잘 이겨내고 자리를 잡으려고 하던 때에 보이지 않는 어떤 손이 나를 억누르는 듯한 느낌을 받았다. 선임전도사님 중에 힘들게 하는 경우가 생겼다. 육체적으로도 집에서 먼 거리로 새벽예배를 가야 하고 행사들이 겹쳐서 힘들던 차에 정신적으로도 힘들어지니 할 수 있는 것은 기도밖에 없었다. 마침 40일 특별새벽기도회 중이었다. 그래서 작정하고 기도를 시작했다. "하나님, 이제 1년이 되었는데 훈련이면 이것으로 족합니다. 제발 그만둬도 된다고 말씀해주세요." 40일을 매일 떼를 썼다. 기도를 하는 중에도 뭔지 모를 압박은 계속됐다. 하루 심방리스트와 가서 무슨 이야기를 하는지를 저녁마다 선임전도사가 이야기하라고 하면서 맡는 교구를 몰라서 그런다며 전에 내가 맡은 교구 담당 전도사를 같이 불러서 질문을 했다. 도대체 이해할 수 없는 일이었다. 취조를 당하는 기분이었다. 그런데 왜 그러는지가 분명하지가 않았다. 특별새벽기도회는 얼마 남지 않았는데 어찌해야 할지 알 수 없어 기도만 더욱더 간절해져갔다. '제발 그만둬도 된다고 말씀해주세요. 제발.' 간절함을 넘어 애절해져가는 나의 기도에 하나님은 딱 한 말씀만 하셨다. "가만히 서서 내가 하는 것을 보라"고 하셨다.

나는 새벽기도회에 흐느껴 울 수밖에 없었다. 아무리 생각해도 이 말씀은 그만둬도 된다는 말씀은 아닌 것 같았다. 그리고 막연해서 무엇을 해주시겠다는 것인지 알 수가 없는 말씀이었다. 이렇게 뭐가 뭔지 모르게 말씀해주신 적이 없는 하나님의 답변에 나는 더 답답해졌고, 더 기도하는 수밖에 없었다. 그리고 며칠이 지나서 내가 맡은 교구의 전에 전도사님이 그 교구에서 무언가 잘못한 것이 있다는 사실을 성도를 통해서 알게 되었다. 그때 나는 하나님의 말씀과 더불어 사자성어가 생각이 났다. 과유불급(過猶不及)이라. 그 전도사님은 나에게 항상 "힘들지, 그 교구가 힘들어. 잘하고 있네. 너무 잘한다."라고 매번 격려해주었다. 그런데 뒤에서는 항상 선임전도사들에게 '심방을 잘 안 한다. 심방을 가서 개인적인 쓸데없는 말을 하고 다닌다.'라고 이야기했다는 것이다. 내가 본인의 잘못한 일을 발견하고 이야기할 것 같은 위기감을 느꼈는가 보다. 그후에 나에게 힘들게 했던 선임들은 더 이상 그러지 않았고, 하나님의 일하심을 더욱 느끼게 되었다. 나는 더 이상 하나님보다 나서지 않기로 했다. 항상 하나님께 묻고 움직이기로 마음먹었다. 그럼에도 또 그렇게 할 때도 있지만 말이다.

"모세가 백성에게 이르되 너희는 두려워하지 말고 가만히 서서 여호와께서 오늘 너희를 위하여 행하시는 구원을 보라. 너희가 오늘 본 애굽 사람을 영원히 다시 보지 아니하리라. 여호와께서 너희를 위하여 싸우시리니 너희는 가만히 있을지니라."(출 14:13~14)

이 말씀이 그때 내게 주신 말씀이다. 얼마나 멋진 말씀인가? '너는 가만히 있어라. 내가 다 해줄 테니.' 그런데 그때 나는 이 말씀에 감격하며 감사를 드려야 했는데 그러지 못하고 속상해했다. 이 말씀이 얼마나 신나고 기쁜 말씀인지를 몰랐기 때문이다. 우리는 내가 듣고 싶은 대로만 응답이 오기를 기다릴 때가 많다. 그러나 하나님은 그렇게 우리가 원하는 대로만 응답하시지 않는다. 때로 우리는 잠잠히 기다릴 줄 알아야 한다. 아니 바로 오는 응답보다 잠잠히 기다려야 할 때가 더 많다.

어떤 성도님들은 기도를 아무리 해도 5분을 넘기기가 어렵다고 하지만 목회자들은 기도 부탁을 받은 것이 있다 보니 새벽기도회 한 시간이 부족할 때가 많다. 특히나 내가 처음 사역했던 교회는 새벽기도회를 부목사님들이 돌아가면서 설교를 하시는데 설교가 짧지가 않아서 거의 25분 정도 설교를 하셨다. 그래서 맡겨진 성도님들 기도를 하다 보면 한 시간은 금방 지나간다. 그런데 하루는 내가 간구할 것만 기도하고 새벽기도회가 끝나는 느낌이 들었다. 그래서 이건 너무 일방적인 기도만 하는 것 같아서 마지막 5분은 '말씀하세요.' 하고 있었다.

그렇게 하루 이틀 기도하기 시작했다. 그러던 어느 날은 기도에 응답이 너무 필요했다. "하나님, 오늘은 꼭 좀 대답해주세요. 제 마음이 너무 답답합니다." 하고 기도하고 조용히 묵상을 하고 있었다. 내가 처음 심방 전도사로 사역하던 곳은 조용히 기도하는 분위기의 교회는 아니었다. 전도사님들은 거의 방언으로 기도하셨다. 그런데 그날은 내 옆에 앉으신 전도사님이 또박또박 한국말로 기도하셨다. 이분도 원래는 방언으로 그것도 조금은 요란스럽게 기도하시는 편이었는데 그날은 한국말로 기도하셨다. 오래되어 자세히는 기억나지 않지만 '하나님께 영광을 돌리기 원합니다.'로 시작해서 그런 느낌의 기도를 하셨는데 그날 내가 하나님께

듣기 원하던 내용이었던 것 같다. 응답을 듣고 싶을 때 옆 사람의 기도를 엿들으라는 이야기는 아니다.

우리는 통보만 하는 기도를 주로 하게 되는데 하나님의 음성에 귀를 기울여보라는 이야기이다. 하나님의 응답은 항상 "그래, 알겠다, 해줄게."만 있는 것이 아니라는 것이다. 거절도 있고 기다리라는 경우도 있다. 그런데 기도를 구하기만 하고 마친다면 그 기도가 고쳐야 할 부분이 있는지, 잘못된 기도인지, 응답은 주시지만 인내하며 기다려야 하는 기도인지를 알 수가 없게 되어버린다. 간절히 부르짖으며 기도해야 할 때도 있어야 한다. 금식하며 기도해야 할 때도 있다. 그리고 조용히 하나님을 바라보아야 할 때도 있다.

의학박사 에반스(Herb Evans)가 전쟁 중에 군의관으로 종군한 적이 있다. 야전병원에서 근무할 때 한 사병이 중상을 입고 실려 왔다. 소생 가능성이 없어 보였다. 군의관이 지나다가 쳐다보고 내일 새벽까지만 죽지 않으면 희망이 있다고 말했다. 어렵게 숨을 쉬고 있던 병사는 군의관의 소리를 듣고 마음으로 새벽까지 견뎌야겠다고 생각했다. 그 병사는 새벽까지 죽음과 사투를 벌이며 견뎠다. 새벽까지만 버티면 살 수 있겠다는 말에 희망을 걸고 견딘 것이다. 그러므로 삶이 힘들고 어려워도 사망이 엄습해도 오직 하나님만이 소망이심을 믿으면 어떤 어려움도 견딜 수 있다.

믿음의 사람은 어려운 일 가운데서도 믿음으로 바라보고, 믿음으로 행동하는 사람들이다. 그럴 수 있는 이유는 하나님만이 능력의 근원이시기 때문이다. 지금 우리의 현실도 '사회적 거리두기'라는 말로, 사람들의 외부 활동을 자제하라는 것 때문에 활동이 줄어들어 더욱 우리들의 마음을 답답하게 하고 있다. 매일 코로나19 확진자가 몇 명인가가 우리들의 관심사가 되었다. 코로나백신으로 자유로워질 내일을 기대하고 있었는데 4차 유행으로 1,000명을 훌쩍 넘어서며, 백신을 2차까지 맞은 사람도 사회적 거리두기에 예외 없음으로 모두를 낙심하게 하고 있다. 더구나 신앙인들은 이런 힘든 시기에 교회에 나가 예배드리고 찬송을 부를 때 위로를 받는데 예배당에서 예배를 드리지 못하는 오늘의 상황은 우리를 더욱 힘들게 한다.

"우리가 사방으로 욱여쌈을 당하여도 싸이지 아니하며 답답한 일을 당하여도 낙심하지 아니하며 박해를 받아도 버린 바 되지 아니하며 거꾸러 뜨림을 당하여도 망하지 아니하고 우리가 항상 예수의 죽음을 몸에 짊어짐은 예수의 생명이 또한 우리 몸에 나타나게 하려 함이라."(고후 4:8~10)

이 말씀처럼 코로나에 대한 두려움이 우리를 둘러싼다 하더라도, 우리는 현재의 상황이 우리를 답답하게 하더라도 우리는 낙심하지 않는다. 왜냐하면 하나님께서 우리를 버리지도 않고 우리 편이 되어주시기 때문이다. 우리의 보호자가 되어주시기 때문이다. 우리 안에 예수의 생명이 있기 때문이다. 생명의 주님을 믿는 사람들은 상황의 지배를 받지 않는다.

조용히 하나님을 바라보는 시간을 가져야 한다. 우리가 어려움과 고통을 당하고 '천부여 의지 없어서' 하며 그때서야 기도하고 하나님을 바라보지 말고 미리 경건의 습관을 가지기를 원한다. 예수님께서 습관대로 기도하셨다고 하시는 것처럼 우리도 시간과 장소를 정해서 조용히 하나님을 바라보며 기도하는 시간을 가지기를 바란다. 앞서 이야기했던 기도 감사 노트를 쓰는 시간이야말로 조용하면서도 간절하게 생생하게 깊이 하나님을 묵상할 수 있는 시간이 될 것이다.

기도는 나의 사명을 알아가는 시간

03

하루는 영국의 대문호 셰익스피어가 어느 식당에 들어갔다. 당연히 모두가 그를 알아보고 깍듯이 예우했다. 그 모습을 보며 현관 청소를 하던 청년이 투덜댔다. 그러자 셰익스피어는 그 청년을 감싸 안으며 말했다고 한다. "여보게 젊은이, 나는 펜으로 하나님의 지으신 우주의 한 귀퉁이를 아름답게 가꾸고 있지 않은가? 결국 자네와 난, 같은 일을 하고 있다네." 이는 오늘 내게 주어진 일은 모두 하나님이 베푸신 사명일 수 있다는 것이다. 사람은 누구에게나 사명이 있다. 그리고 그 사명을 어떻게 감당할 것이냐가 더 중요할 수 있다.

"어떤 사람이 타국에 갈 때에 그 종들을 불러 자기 소유를 맡김과 같으니 각각 그 재능대로 한 사람에게는 금 다섯 달란트를, 한 사람에게는 두 달란트를, 한 사람에게는 한 달란트를 주고 떠났더니 다섯 달란트 받은 자는 바로 가서 그것으로 장사하여 또 다섯 달란트를 남기고 두 달란트 받은 자도 그같이 하여 또 두 달란트를 남겼으되 한 달란트 받은 자는 가서 땅을 파고 그 주인의 돈을 감추어 두었더니 오랜 후에 그 종들의 주인이 돌아와 그들과 결산할새 다섯 달란트 받았던 자는 다섯 달란트를 더 가지고 와서 이르되 주인이여 내게 다섯 달란트를 주셨는데 보소서 내가 또 다섯 달란트를 남겼나이다. 그 주인이 이르되 잘하였도다. 착하고 충성된 종아 네가 적은 일에 충성하였으매 내가 많은 것을 네게 맡기리니 네 주인의 즐거움에 참여할지어다 하고 두 달란트 받았던 자도 와서 이르되 주인이여 내게 두 달란트를 주셨는데 보소서 내가 또 두 달란트를 남겼나이다. 그 주인이 이르되 잘하였도다 하고 충성된 종아 네가 적은 일에 충성하였으매 내가 많은 것을 네게 맡기리니 네 주인의 즐거움에 참여할지어다 하고 한 달란트 받았던 자는 와서 이르되 주인이여 당신은 굳은 사람이라 심지 않은 데서 거두고 헤치지 않은 데서 모으는 줄을 내가 알았으므로 두려워하여 당신의 달란트를 땅에 감추어 두었었나이다. 보소서 당신의 것을 가지셨나이다. 그 주인이 대답하여 이르되 악하고 게으른 종아 나는 심지 않은 데서 거두고 헤치지 않은 데서 모으는 줄로 네가 알았느냐 그러면 네가 마땅히 내 돈을 취리하는 자들에게나 맡겼다가 내가 돌아와서 내 원금과 이자를 받게 하였을 것이니라 하고 그에게서 그 한 달란트를 빼앗아 열 달란트 가진 자에게 주라. 무릇 있는 자는 받아 풍족하게 되고 없는 자는 그 있는 것까지 빼앗기리라. 이 무익한 종을 바깥 어두운 데로 내쫓으라 거기서 슬피 울며 이를 갈리라 하니라."(마 25:14~30)

말씀에 맡은 자에 대한 이야기가 나온다. 이 말씀을 처음 설교로 들었을 때가 고등부 회장이 되었을 때다. 투표를 연말에 하고 연초에 중고등부예배에 담임목사님께서 오셔서 맡은 자의 사명 감당에 대해 말씀해주셨다. 그런데 나는 회장임에도 아멘으로 받은 것이 아니라 '나도 한 달란트 받은 자의 마음을 이해하겠네. 장사도 한 번 해본 적이 없는데 망할 것 같아 그랬을 수도 있지.'라고 생각했다.

나름 문학소녀였던 나는 성경에 대해 아무것도 모르면서 '나에게 쓰라고 하면 세 달란트 받은 사람이 있었는데 다섯 달란트 받은 사람을 좇아서 열심히 장사를 하였으나 쫄딱 망했다.'라고 하나 더 쓰면 좋겠다고 생각했다. 그래서 주인이 돌아와서 혼을 내는 게 아니라 '너의 이야기를 들었다. 나는 흥하고 망하는 것이 중요한 것이 아니라 얼마나 열심히 했는가를 중요하게 여긴다. 착하고 충성된 종아 잘하였다.'라는 문장을 끼워 넣으면 완벽한 글이 될 것이라고 생각했다. 열일곱 살에.

그래서인지 그 구절을 읽을 때마다 처음에 생각했던 그 생각에서 벗어날 수가 없었다. 하나님의 영감으로 쓰였다는 것을 안 후에도 왠지 그 구절은 나에게 2% 부족한 글처럼 여겨졌다. 그리고 이 본문 말씀은 매년 한두 차례는 설교의 본문으로 만날 수 있었는데 그 생각은 변함이 없었다. 뭔가 부족한 것만 같고 주인은 인정사정없어 보였다. 그러나 성경을 여러 번 읽고 기도하며, 열일곱 살에 처음 그 말씀을 접한 후 한 10년은 훨씬 지나서 또 그 구절을 읽고 기도하는데, 그날도 그 말씀이 아무래도 뭔가 부족하게 느껴진다고 기도하고 있는데 갑자기 여호수아서의 한 장면으로 나를 인도하셨다.

"여호와께서 여호수아에게 이르시되 내가 오늘부터 시작하여 너를 온 이스라엘의 목전에서 크게 하여 내가 모세와 함께 있었던 것같이 너와 함께 있는 것을 그들이 알게 하리라. 너는 언약궤를 멘 제사장들에게 명령하여 이르기를 너희가 요단 물가에 이르거든 요단에 들어서라 하라. 여호수아가 이스라엘 자손에게 이르되 이리 와서 너희의 하나님 여호와의 말씀을 들으라 하고 또 말하되 살아 계신 하나님이 너희 가운데서 계시사 가나안 족속과 헷 족속과 히위 족속과 브리스 족속과 기르가스 족속과 아모리 족속과 여부스 족속을 너희 앞에서 반드시 쫓아내실 줄을 이것으로서 너희가 알리라. 보라 온 땅의 주의 언약궤가 너희 앞에서 요단을 건너가나니 이제 이스라엘 지파 중에서 각 지파에 한 사람씩 열두 명을 택하라. 온 땅의 주 여호와의 궤를 맨 제사장들의 발바닥이 요단 물을 밟고 멈추면 요단 물 곧 위에서부터 흘러내리던 물이 끊어지고 한 곳에 쌓여 서리라. 백성이 요단을 건너려고 자기들의 장막을 떠날 때에 제사장들은 언약궤를 메고 백성 앞에서 나아가니라. 요단이 곡식 거두는 시기에는 항상 언덕에 넘치더라. 궤를 맨 자들이 요단에 이르며 궤를 멘 제사장들의 발이 물에 잠기자 곧 위에서부터 흘러내리던 물이 그쳐서 사르단에 가까운 매우 멀리 있는 아담 성읍 변두리에 일어나 한 곳에 쌓이고 아라바의 바다 염해로 향하여 흘러가는 물은 온전히 끊어지매 백성이 여리고 앞으로 바로 건널새 여호와의 언약궤를 멘 제사장은 요단 가운데 마른 땅에 굳게 섰고 그 모든 백성이 요단을 건너기를 마칠 때까지 모든 이스라엘은 그 마른 땅으로 건너갔더라."(수 3:7~17)

이 말씀이 생각나게 하셨다. '이것과 달란트 비유가 무슨 관계가 있을까?' 하고 생각하는데 그 요단강을 이스라엘 백성이 건너려고 하는 시기는 요단강 상류에 있는 헐몬산에 눈이 녹는 시기이다. 이 부분을 읽고 기도할 때는 연희동에 살 때여서 홍제천이 생각이 났다. 홍제천도 보통 때는 물이 별로 없어서 건너는 것이 문제가 되지 않는다. 그러나 장마철에는 홍제천도 물이 많아지고 급해져서 떠내려갈 수도 있다. 그런데 여호수아가 제사장들에게 요단에 들어서라고 명령했을 때는 눈이 녹은 물로 언덕이 넘치는 때이니 얼마나 물이 차갑고 물살이 빠르겠는가?

제사장들도 물살이 무섭고 물이 차갑기가 살을 에는 듯한 요단강에 발을 담그기 싫었을 것이다. 떠내려가서 죽을 수도 있는 물살임을 알고 있었을 것이다. 그러나 믿음으로 목숨을 거는 순종을 하였을 때 물이 멈춰섰다. 하나님은 내게 깨달음을 주셨다. 사명 감당은 내가 하는 것이 아니다. 나의 순종에 하나님이 일하시는 것이다. 그리고 하나님의 일에는 마이너스가 없다. 최하가 갑절이라는 것을 깨닫게 되었다. 사람이 하는 일에는 흥하기도 하고 망하기도 하지만 하나님의 일엔 마이너스가 절대 없다는 것을 가르쳐주셨다. 사람은 결과로만 모든 것을 결정한다. 잘됐다. 안 됐다. 성공했다. 망했다. 실패했다. 하나님의 일은 그렇게 결정되는 것이 아니다.

달란트 비유는 그것을 말하는 것이다. 순종했는가? 순종하지 않았는가? 나의 사명의 크기나 어떤 사명인가 보다 하나님은 순종하였는가를 보신다. 다섯 달란트 맡은 자도 장사의 신이 아니었던 거다. 한 달란트 받은 자가 장사를 잘하는 사람이냐, 아니냐의 문제가 아니었던 거다. 그는 주인의 말에 순종하지 않았던 불순종의 사람이었기에 주인은 그 불순종함을 책망하였던 것이다. 그렇다. 사명을 맡은 자의 가장 중요한 것은 순종하는 것이다. 삶의 모든 순간에 순종해야 한다. 그런데 순종이 항상 잘되는 것이 아니다. 무엇을 순종해야 하는지 모른다면, 어느 방향으로 가야 하는지 모른다면 어찌 목적지를 갈 수 있겠는가? 주인의 지시를 잘

받기 위해 핸드폰을 잘 들고 있거나 나침반이 있어야 할 것 아닌가? 그것이 바로 성경과 기도이다. 성경을 읽어야 하나님의 뜻을 알고 기도를 해야 어디로 갈 지를 알 수 있지 않겠는가? 하나님은 무릎을 꿇고 기도하는 사람을 찾고 계신다. 그러므로 기도보다 앞서지 말고, 기도를 먼저 하자. 아마 한 달란트 받은 종도 돈을 다 탕진할까 봐 겁부터 냈을 것이다. 기도 먼저 했다면 틀림없이 담대함을 주셨을 것이다. 기도가 빠지면 사명을 알 수도 감당할 수도 없다.

기도는 나의 사명을 알아가는 시간이다. 지금도 전도사로 20년 가까이 사명을 감당하고 있지만 기도하지 않으면 하루에 맡겨주신 사명조차도 감당하기 어려워서 지친다. 그러나 기도하면 그날에 필요한 성도님들을 만나게 하신다. 성도님들은 나에게 위로받고 은혜를 받았다고 생각하겠지만 나도 또 그분에게 그날의 위로와 힘을 받는다. 그래서 기도해야 하고 기도를 하면 사명을 알려주시고 어찌 감당해야 하는지도 알려주신다. 때로는 마음이 약해지고 자기연민에 빠질 때도 있을 것이다. 그런 때는 이길 힘도 주시고 또다시 전진하게 하시는 분도 하나님이다. 그분을 의지하고 기도할 때 다시 일어설 수 있게 하시고, 사명을 향해 가게 하신다.

성령의 능력이 움직이게 하자

04

1960년 케냐 마우마우 마을에서 폭동이 일어나고 있을 때 선교사 매트 하겐스 부부가 마침 그 지역에서 사역하고 있었다. 그들이 마우마우 지역의 중심부를 지나고 있었다. 그때 하필 차가 고장이 났다. 당시 그 지역에서 케냐인과 선교사들이 살해되는 사건이 일어났다. 그래서 하겐스 부부는 두려움으로 밤을 지내고 아침이 되어서 차를 고쳐서 아무 일 없이 지날 수 있었다. 수 주일이 지난 후에 휴가를 얻어 미국으로 갔다. 친구 클레어 브랜트를 만났다. 브랜트가 최근에 무슨 위험한 일이 없었냐고 물었다. 클레어는 3월 23일 밤에 갑자기 선교사 부부가 자꾸 걱정이 되고 기도하지 않으면 안 되겠다는 생각이 들어서 열여섯 명을 모아서 그 부담과 걱정이 없어질 때까지 합심해서 기도했다고 했다. 그런데 사실은 그 시간에 마우마우의 한 청년이 친구들과 함께 이 선교사 부부를 죽이기 위해 차에 접근했다고 한다. 그러나 열여섯 명의 장정들이 칼을 들고 차 주변을 지키고 있어서 포기하고 돌아갔다. 열여섯 명이 기도하는 시간에 하나님은 천사를 보내 선교사 부부를 보내셔서 지키신 것이다. 이렇게 기도는 능력이 있다.

2018년 8월에 건강의 문제로 잠깐 입원할 일이 생겼다. 그런데 어느 권사님께서 병실이 기도원이라 생각하고 기도해달라며 포스트잇에 기도 제목을 적어 오셨다. 주변 사람들은 너무한 것 아니냐고 했는데 나는 그분의 그런 신앙이 좋았고 기도 욕심에 대해서 귀하게까지 느껴졌다. 그래서 침대 앞에 붙여놓고 밤 10시에 기도하려고 바로 앉아 손을 모았다. 그런데 좀 전에 봤던 뉴스의 태풍에 대한 기도가 됐다. 나는 기도하면서 생각했다. 태풍도 중요하지. '전에 왔던 매미만큼 큰 태풍인데 서울을 관통할 확률이 많다는데 그래서 생각이 자꾸 나나 보다.' 생각하고 잠깐 기도하고 권사님의 기도를 하려고 했는데, 태풍에서 권사님 기도로 넘어가지가 않고 계속 태풍에 대해서 기도하라는 마음을 주셨다.

그래서 구체적으로 기도하기 시작했다. '하나님, 우리나라는 태풍을 대비해서 집을 지은 것이 얼마 되지 않습니다. 서울 중심부를 관통해서 태풍이 지나가면 너무도 큰 피해가 있을 거예요. 제발 태풍이 제주도 쪽에서(이미 제주도는 영향을 받고 있을 때였다.) 예상보다 훨씬 동쪽 방향으로 틀어서 빠져나가게 해주세요.'라고 기도했다. 하나님께서는 계속 기도하게 하셔서 비몽사몽간에 계속 기도를 했다. 눈을 떠보니 새벽 5시였다. 그 시간에 TV를 켜본 적이 없어서 무슨 프로그램을 하는지도 몰랐지만 궁금해서 리모컨을 눌렀다. 누르자마자 대한민국의 지도가 보이고 태풍의 진로가 그려져 있고 여자 아나운서가 내가 기도했던 것과 같은 멘트를 하고 있었다. 제주도에서 방향을 틀어서 동쪽으로 빠져나갔다고 이야기하고 있었다. 하나님이 왜 밤새 기도하게 했는지를 깨닫게 되었다.

"배에 오르시매 제자들이 따랐더니 바다에 큰 놀이 일어나 배가 물결에 덮이게 되었으되 예수께서는 주무시는지라. 그 제자들이 나아와 깨우며 이르되 주여 구원하소서. 우리가 죽겠나이다. 예수께서 이르시되 어찌하여 무서워하느냐 믿음이 작은 자들아 하시고 곧 일어나사 바람과 바다를 꾸짖으시니 아주 잔잔하게 되거늘 그 사람들이 놀랍게 여겨 이르되 이이가 어떠한 사람이기에 바람과 바다도 순종하는가 하더라."(마 8:23~27)

이 말씀을 보면 예수님은 바람도 파도도 다스리는 분임을 알 수 있다. 당연히 하나님은 이 모든 것을 창조하는 분이시니 태풍도 마음대로 하실 수 있는 분이다. 그러나 기도하는 자를 찾으신다. 기도할 때 하나님이 역사하신다.

"히스기야가 병들어 죽게 되매 아모스의 아들 선지자 이사야가 그에게 나아와서 그에게 이르되 여호와의 말씀이 너는 집을 정리하라 네가 죽고 살지 못하리라 하셨나이다. 히스기야가 낯을 벽으로 향하고 여호와께 기도하여 이르되 여호와여 구하오니 내가 진실과 전심으로 주 앞에 행하며 주께서 보시기에 선하게 행한 것을 기억하옵소서 하고 히스기야가 심히 통곡하더라. 이사야가 성읍 가운데까지도 이르기 전에 여호와의 말씀이 그에게 임하여 이르시되 너는 돌아가서 내 백성의 주권자 히스기야에게 이르기를 왕의 조상 다윗의 하나님 여호와의 말씀이 내가 네 기도를 들었고 네 눈물을 보았노라. 내가 너를 낫게 하리니 네가 삼 일 만에 여호와의 성전에 올라가겠고 내가 네 날에 십오 년을 더할 것이며 내가 너와 이 성을 앗수르 왕의 손에서 구원하고 내가 나를 위하고 또 내 종 다윗을 위하므로 이 성을 보호하리라 하셨다 하라 하셨더라."(왕하 20:1~6)

이 말씀을 보면 선지자 이사야가 히스기야에게 하나님의 말씀을 전하러 온다. 히스기야가 죽고 살지 못한다는 것이다. 그러나 히스기야가 하나님 앞에 심히 통곡하며 기도할 때 하나님의 뜻을 바꾸시고 살아갈 수 있게 해주실 뿐만 아니라 앗수르에게서 구원해주신다고 하신다. 이렇게 기도는 하나님의 마음까지 움직이게 할 수 있는 것이다. 그러나 기도는 이렇게 아주 위급할 때만 하는 것일까? "기도를 계속하고 기도에 감사함으로 깨어 있으라."(골 4:2)라는 말씀을 보면 기도를 계속하라고 말씀하신다. "쉬지 말고 기도하라." 데살로니가전서 5장 17절 말씀은 쉬지 말고 기도하라고 하신다. 어떤 상황이나 문제에서만 기도하는 것이 아니고 항상 쉬지 말고 기도하라는 말씀인 것이다. 데살로니가전서 5장 17절도 고등학교 시절 이해할 수 없는 구절 중의 하나였다. 16절 말씀인 "항상 기뻐하라."도 쉽지는 않겠지만 어찌하면 잘할 수 있을 것 같았다. 18절 말씀인 "범사에 감사하라."도 쉽지는 않겠지만 할 수도 있을 것 같았다. 그런데 어떻게 사람이 쉬지 말고 기도를 할 수 있다는 것인지 이해가 가지 않았다. '밥 먹고 화장실 갈 때는 어찌하나? 사람들과 이야기할 때는 어찌하지?' 계속 그런 의문이 들었다. 많이 절충하여 그런 때는 마음으로 속으로 기도한다고 치자. 잠을 잘 때는 어떻게 기도하지? 분명히 설교 때, 이 문장은 명령형이라고 했는데 하나님이 안 되는 것을 명령하셨다는 것인가? 설교 말씀 중에는 '기도는 호흡과 같아서 안 하면 안 되니 쉬지 말고 기도합시다.'로 결론을 내리셨는데 숨은 자동으로 쉬지만 기도는 잘 때 어떻게 하는 것인지 의문이 계속되었다.

결혼 후에 처음으로 미용실을 하겠다고 계약을 하고 문제가 생겨서 계약금을 날리게 된 적이 있었다. 남편은 아이들이 어리니 하지 말라고 한 것을 내가 우겨서 계약을 한 것이었다. 남편은 화가 났는지 퇴근 시간이 지나도 오지를 않았다. 나는 걱정도 되고 겁도 나고 해서 기도를 시작했다. 남편과의 사이가 나빠지지 않기를, 남편의 화가 누그러지기를 간절히 기도했다. 잠깐 잠이 들었는데 얼마나 간절했는지 내 영이 깨어서 기도하는 것이 느껴졌다. 꿈이라고 생각할 수도 있겠지만, 나는 분명히 영이 깨어서 기도하는 것이라는 마음이 들었고 천사가 계속 기도 그릇을 들고 나르는 것을 알 수 있었다. 아침에 바로 하나님이 마음에 알려주셨다. 계속 기도하는 사람은 영이 맑아져서 간절히 하는 기도가 계속되어질 수 있다는 것을 하나님이 알게 해주셨다.

"구하라 그리하면 너희에게 주실 것이요 찾으라 그리하면 찾아낼 것이요 문을 두드리라 그리하면 너희에게 열릴 것이니 구하는 이마다 받을 것이요 찾는 이는 찾아낼 것이요 두드리는 이에게는 열릴 것이니라. 너희 중에 누가 아들이 떡을 달라 하는데 돌을 주며 생선을 달라 하는데 뱀을 줄 사람이 있겠느냐 너희가 악한 자라도 좋은 것으로 자식에게 줄 줄 알거든 하물며 하늘에 계신 너희 아버지께서 구하는 자에게 좋은 것으로 주시지 않겠느냐."(마 7:7~11)

9절에서 11절 말씀은 내가 좋아하는 말씀 중 하나이다. 때를 써야 할 때 자주 사용하는 말씀이다. "아버지, 자녀가 너무 부족하지만 좋은 것으로 주시는 아버지께서 성령의 충만함을 주옵소서."라고 기도가 생각처럼 잘되지 않을 때마다 이 말씀을 가지고 떼를 쓴다.

　예전에는 방언만을 받기 위한 부흥회도 있고 철야도 있었다. 그리고 방언은 혼자 기도할 때보다는 마가의 다락방에서처럼 함께 모여서 합심하여 기도할 때 많이 받는다. 나는 방언을 꼭 받아야 한다는 생각을 갖고 있지는 않다. 그러나 방언을 할 줄 알고 방언의 유익을 알고 있다. 방언은 필요 없다는 생각을 갖고 있는 사람들과 무조건 방언은 받고 봐야 한다는 사람들의 의견이 팽팽하다. 필요 없다는 편의 책은 읽어보지를 않아서 평등한 마음으로 글을 쓸 수는 없겠지만 방언의 유익을 쓰신 분들의 이야기에 거의 동의한다. 하나님과의 영적인 대화를 나눌 수 있고 깊은 대화를 나눌 수 있다. 마음에 평안과 기쁨을 주신다. 이것까지는 개인에게 있는 유익이다. 그러나 더 중요한 것은 방언으로 기도하다 보면 무엇을 기도해야 하는지 방언으로 기도하지 않을 때보다 분명하고 빠르게 기도의 줄을 잡게 하신다. 누구를 위해, 무엇을 위해 기도해야 하는지 빠르게 알려주신다. 이것이 방언의 유익 중의 하나라고 생각한다.

　"이와 같이 성령도 우리의 연약함을 도우시나니 우리는 마땅히 기도할 바를 알지 못하나 오직 성령이 말할 수 없는 탄식으로 우리를 위하여 친히 간구하시느니라. 마음을 살피시는 이가 성령의 생각을 아시나니 이는 성령이 하나님의 뜻대로 성도를 위하여 간구하심이니라."(롬 8:26~27)

성령님이 우리를 위하여 친히 간구하신다고 말씀하신다. 처음에 요단
강에 발은 제사장이 담그지만 나머지는 하나님이 하셨다. 우리도 기도를
못 한다고 하지 말고 성령님이 친히 간구하시려고 개입하시려는 그 순간
까지 어떻게든 눈을 감고 기도해보자. 성령님이 개입하실 시간까지 기다
리지 못하는 짧은 기도가 안타깝다. 아니 아예 기도를 안 하면 어찌 성령
님의 도우심을 경험할 수 있겠는가? 기도할 때 성령의 능력을 체험할 수
있다. 기도할 때 성령의 능력이 움직이게 할 수 있다. 우리 모두 쉬지 말
고 기도해서 성령이 움직이고 그 움직임 속에 능력이 나타나게 하자. 기
도처럼 신비로운 것이 없다. 기도는 하나님께 나아가는 길이다. 기도할
때 성령님의 능력이 우리에게 임한다.

"내 이름으로 일컫는 내 백성이 그들의 악한 길에서 떠나 스스로 낮추
고 기도하여 내 얼굴을 찾으면 내가 하늘에서 듣고 그들의 죄를 사하고
그들의 땅을 고칠지라."(대하 7:14)

기도하면 응답하시는 비밀을 알려주시는 것이다. 악한 길에서 떠나고
스스로 겸손하게 기도하며 하나님의 얼굴을 찾으면 듣고 죄를 사하여 주
시며 악한 길에 있어서 죄를 지었을 때 하나님이 그의 삶에 엉겅퀴와 가
시가 나게 했던 모든 저주를 고쳐서 살 수 있게 해준다고 말씀하시고 계
신 것이다.

나의 생각이 바뀌는 기도의 시간

05

『천로역정』은 존 번연(John Bunyan, 1628~1688)에 의해 쓰였다. 그는 설교자로 복음을 전하다가 핍박을 받고 투옥된다. 무려 12년을 수감 생활을 했다. 그리고 그 사이에 아내가 죽었다. 그의 아내는 투옥된 남편을 대신해서 세 자녀를 키우고 있었는데 세상을 떠났으니 존 번연의 세 자녀는 고아나 마찬가지가 되어버렸다. 그러니 그가 얼마나 괴로웠겠는가? 감옥에서 눈물로 기도하고 있을 때 하나님께서 감옥에 있어도 글은 쓸 수 있지 않느냐는 마음을 주셨고 존 번연은 성경을 읽으며 책을 쓰기 시작했다. 그것이 그의 대표작인『천로역정』이다. 존 번연은 안 좋은 상황에도 기도했고 기도할 때 하나님은 최악의 상황을 최선의 상황으로 바꿔주신 것이다.

"성령이 아시아에서 말씀을 전하지 못하게 하시거늘 그들이 브루기아와 갈라디아 땅으로 다녀가 무시아 앞에 이르러 비두니아로 가고자 애쓰되 예수의 영이 허락하지 아니하시는지라. 무시아를 지나 드로아로 내려갔는데 밤에 환상이 바울에게 보이니 마게도냐 사람 하나가 서서 그에게 청하여 이르되 마게도냐로 건너와서 우리를 도우라 하거늘 바울이 그 환상을 보았을 때 우리가 곧 마게도냐로 떠나기를 힘쓰니 이는 하나님이 저 사람들에게 복음을 전하라고 우리를 부르신 줄로 인정함이러라."(행 16:6~10)

말씀을 보면 바울은 아시아에 가서 복음을 전하려고 했는데 성령이 아시아로 가지 못하게 하셨고, 비두니아로 가고자 애썼는데 예수의 영이 허락하지 않았다고 되어 있다. 그러자 바울이 가고자 했던 곳을 포기하고 하나님이 원하시는 마게도냐로 가기를 힘쓰게 된다. 바로 기도할 때 하나님의 뜻을 알 수 있고 하나님의 뜻을 알면 나의 생각이 바뀔 수 있다. 나는 하나님께서 신학 공부를 하라고 마음을 주셨는데 순종하기 싫어서 미용실을 개업한 적이 있다. 생각 외로 미용실은 너무 잘되었고 아이 둘을 챙기며 미용실을 하는 것이 너무 힘이 들어서 심하게 아픈 적이 있다. 3일을 심하게 앓고 기도하면서 치유되어 건강을 되찾았다. 지금은 실력도 없는 나에게 미용실이 잘되었던 것도, 고쳐주심도 모두 하나님의 섭리 가운데 이루어진 것을 믿어 의심치 않는다. 그런데 그때는 아플 만큼 아파서 나은 거라는 생각도 했었고, 그 나이에 '이 정도 아파서 죽겠어?'라고 생각한 적도 있다. 그런데, 교회에서 사역하면서 생각 외로 기도 후에 고침도 받고 응답도 받고, 간증도 하고 서원도 하고 잊어버리는 성도가 많은 것을 보았다. 아기를 갖게 해달라고 중보기도 요청하고 목사님께 기도도 받고 '조심하느라 교회에 못 오겠어요, 육아가 힘들어서 아기가 조금 크면 그때부터 갈게요. 사업이 잘되게 기도해주세요.' 하고 '너무 바빠서 주일에도 일을 해야 해서 교회를 못 가네요.' 등의 이유를 이야기하면 나는 겁이 난다. 나에게 하셨던 하나님의 깨우침이 그들에게 없기를 바랄 뿐이다. 바빠도 기도해야 하나님이 나에게 말씀하시는 것을 들을 수 있다. 그래야 나의 잘못을 바로 잡을 수 있기 때문이다.

내가 기억하는 가장 마음 아팠던 일로 너무 사이 좋으셨던 권사님 부부의 이야기가 생각난다. 수요일 오전에 여자 권사님이 전화를 하셨는데 우시느라 말을 잘 알아들을 수 없었다. 내가 "권사님, 무슨 말씀이세요? 왜 우세요?"라고 하자 권사님이 소리를 지르시며 "이 권사가 죽었어요. 아침에 보니 죽었다고요!"라고 소리 지르셨다. 나는 어디 병원인지 여쭤보고 부목사님과 한걸음에 달려갔다. 병원에 도착해보니 남편 권사님께서 영안실에 계신데 아직 안치실에 넣기 전이었다. 너무 평안해 보이셨다. 그런데 부인 권사님은 아니라고 죽지 않았다고 하시며 너무 슬프게 우셨다. 나도 주일까지 평소와 같은 모습으로 오셨던 권사님의 죽음이 믿기지 않는데 얼마나 부인 권사님이 마음이 힘들지가 이해가 갔다. 가정적이셔서 자녀에게도 손주에게도 다정다감하셨던 권사님을 하나님은 너무도 빨리 데려가셨다.

교회 모든 성도가 슬픈 장례식을 마쳤다. 부인 권사님은 슬픔에서 벗어나지 못하고 괴로워하셔서 위로 심방을 갔다. 가서 말씀과 찬양으로 위로하고, "권사님, 너무 빨리 가신 것은 마음이 아프지만 사람이 태어나면 죽는 것은 모두가 정해진 것이고 천국에서 만날 소망을 가지세요. 남편 권사님도 천국에서 권사님을 보면 마음이 아프실 거예요. 이제 조금씩 힘을 내보세요."라고 했다. 그런데 권사님이 "천국이 있는지는 죽어봐야 아는 거고, 난 남편을 데려가신 하나님이 미워요."라고 말씀하셨다. 나에겐 이 말씀이 충격이었다. 성도님도 아니고 집사님도 아니고 권사님께서 천국을 죽어봐야 알겠다고 하시니….

다시 말씀으로 돌아가서 예수 그리스도의 십자가와 부활, 인간의 원죄와 타락까지 말씀을 드렸는데 들으시는 것인지 아닌지를 알 수 없었다. 권사님의 표정은 '그런 말씀은 이미 들어서 알고 있어요.'라는 표정이었다. 하기는 머리에서 가슴의 거리가 가장 멀다는데 슬픔으로 아무 말도 들리지가 않는 것 같았다. 그래서 그날은 그 정도의 말씀을 드리고 돌아왔다. 몇 주가 흘러서 다시 심방을 갔다. '이제 좀 안정이 되었을까?' 하고 생각하며 집으로 방문했다. 권사님은 그때까지도 슬픔에 빠져 계셨고, 하나님을 원망하고 계셨다. 그래서 내가 경험한 아버지의 소천에 대해 말씀드렸다. 아버지는 뇌졸중으로 7년 동안 거동이 불편하셨다. 편마비로 거동이 어려우셨고 언어 장애도 있으셨다. 아버지를 보살피는 엄마의 노고는 말로 다할 수가 없다.

엄마도 테니스엘보가 점점 심해져서 팔이 너무 아프다고 하셨다. 그런데 어느 토요일 저녁에 엄마에게 전화가 왔다. 아빠가 갑자기 살이 너무 빠져서 병원에 검사를 가신다고 했다. 그래서 엄마에게 주일이 지나서 월요일에 병원으로 가보겠다고 하고 전화를 끊었다. 그리고 주일예배를 드리는데 마음에 '준비하라'고 하신다. "주여! 무슨 말씀입니까? 병원에 검사를 가신다는데 뭘, 왜, 어째서 준비를 합니까?" 눈물이 철철 흘렀다. 갑자기 이게 무슨 말씀이신지 정신이 하나도 없었다. 월요일은 검사하시는 날이기에 엄마는 평온하셨다. 나는 아무 말도 못 하고 검사 잘하시라고 하고 병원에서 돌아왔다.

검사 결과는 폐암으로 뼈에까지 전이된 상태였고, 병원에서 아무것도

할 것이 없으니 드시고 싶다고 하는 것을 드시게 하라고 했다고 한다. 부모님께는 죄송하지만 전도사로 주부로 살다보니 자주 찾아뵙지 못했다. 그런데 아버지가 아프시던 때가 교회에서 총력 전도를 하는 때였다. 월요일까지 나가야 하는 그런 바쁜 때였다. 또 남동생은 학원 강사이다 보니 4월은 고등학생 시험 때였다. 가고 싶어도 못 가는 것이 마음에 걸렸지만, 도저히 시간을 뺄 수가 없었다. 그런데 하루는 꿈을 꿨는데 아버지가 교회로 찾아오셨다. 내가 기억하지도 못하는 젊은 시절의 아버지였다. 꿈이라서 알아본 것 같다. 꿈에 아버지는 멋있는 양복에 그렇지 않아도 잘생긴 분이 젊은 시절의 모습으로 교회에 오셨는데 난 꿈에도 교회 전도지를 더 들을 수 없을 정도로 한가득 안고 있었다. 아버지가 꿈에 들로 놀러가자고 하셨다. 엄마가 뒤따라 오셔서 언제 또 가볼 수 있겠냐고 가자고 하셨다. 내 옆에 부목사님이 계셨는데 내게서 전도지를 건네받으며 다녀오라고 하셨다.

교회 계단을 내려와서 1층으로 오니 아주 좋은 차를 아버지가 운전하고 오셨다고 했다. 아버지는 원래 운전을 하지 않으신다. 차에는 남동생이 타고 있었다.

잠에서 깨어 바쁘게 출근 준비를 하고 교회로 가는데 꿈 생각이 났다. 무슨 뜻의 꿈일까? 꿈에서 깨도 이리 생생하게 생각이 나는데, "아버지 하나님, 무슨 뜻인지 알게 해주세요."라고 기도하자마자 내 마음에 '아,

아버지의 시간이 얼마 남지 않았구나. 아버지가 나와 동생을 보고 싶어 하시는구나.'라는 생각이 들었다. 오빠와 여동생은 그래도 자주 가는데 나와 남동생은 가지 못했기 때문이다. 그래서 바로 남동생에게 전화를 했다. "아버지가 나랑 너를 보고 싶어 하시는 것 같아. 아버지한테 가자." 라고 전화를 했다. 남동생이 아이들 시험이 끝나고 가겠다고 했다. 나는 나도 모르게 "그땐 아버지 안 계셔."라고 말했다. 그 말은 현실이 되었다. 그날이 목요일이었는데 나는 교회의 일을 마치고 밤에 남편과 아버지에 게 갔다. 친정에는 엄마, 오빠, 여동생이 와 있었다. 안방으로 아버지 계 신 침대로 갔다. "아버지, 저 왔어요." 하는데도 아버지는 장롱 위만 쳐다 보셨다. 표정이 좋지가 않았다. 아버지는 엄마를 따라 교회를 다니시고 집사의 직분을 받으셨지만 구원에 대해 확신이 없으셨을 것이다.

나는 직감적으로 "아버지, 저 위에 검은 옷 입은 사람이 있어요?" 하고 물었고 아버지는 고개를 격하게 끄덕이셨다. 그런데 옆에서 오빠와 엄마 가 아파서 헛것이 보이나 보다고 했다. 엄마도 권사님이신데 말이다. 그 날부터 나는 친정에서의 철야가 시작됐다. 아버지에게 검은 옷 입은 사 람은 내가 내쫓겠다고 말씀드렸다. 찬송하고 아버지에게 구원에 대해, 예수 그리스도의 보혈에 대해 말씀드리고 회개 기도를 시켜드렸다. 하나 님을 알기 전에 지은 죄, 예수 그리스도를 믿겠다고 하고 지은 죄를 아버 지 귀에다 대고 기도하고 아버지에게 말을 못 해도 속으로 '아멘.' 하시라고 말씀드렸다. 목요일, 금요일, 토요일, 주일을 철야를 하고 엄마가 물으셨다. 임종예배를 드려야 하냐고, 그러시라고 했다. 엄마와 아버지가 다니시는 교회의 담임목사님이 임종예배를 드려주시고 가셨다고 했다. 화요일에 친정에 갔는데 아버지가 장롱 위쪽을 보시는데 편안해 보이셨다. 나는 아버지에게 흰옷을 입은 사람이 보이는지 여쭤봤다. 그렇다고 하셨다. 지금도 그때를 생각하면 눈물이 난다. 그리고 아버지의 식사량이 조금 늘어나셨다. 남동생도 다녀갔고 식구들이 아버지가 호전된다고 생각하는 것 같았다. 엄마도 이 정도면 이제 괜찮아진 것이 아닐까? 이렇게라도 식사도 하시고 오래 사셨으면 좋겠다고 하셨다. 나는 '그러게.' 라고 말하며 마음으론 '아닌데….' 라고 생각했다.

수요일에 수요예배를 드리고 남편 차로 친정에 가면서 남편에게 아버지의 여러 일들을 하나님이 나에게 먼저 보이시는 것이 딸로서 너무 힘들다고 말했다. 남편은 당신이 영적으로 기둥이라서 그런 것 아니겠냐며 위로해주며 친정으로 갔다. 아버지 옆에서 찬송하고 기도하고 있는데 남편이 나를 붙잡고 베란다 쪽으로 가서 더 기도해야겠다고 했다. 왜 그러냐고 했더니 '예수님이 문지방에서 방 안으로 못 들어오시고 방 쪽으로 향해서 몸이 기울어져서 쳐다보신다.'라고 했다. 그때 나는 깨달았다. 인격적인 하나님께서는 나의 힘들다는 투정도 들으시고 이제 남편에게 보여주시는 것을 알게 하셨다. 아버지는 금요일 오전에 엄마에게 자녀들을 다 불러달라고 하셔서 나는 교회에서 출근하기가 무섭게 다시 친정으로 갔다. 친정에 가니 온 가족이 모여 있었다. 나는 다급하게 아버지 옆 침대로 올라갔다. 온 식구가 다 듣고 있는데 아버지께 말했다. "아버지, 흰 옷 입은 사람 보여요?" 아버지가 고개를 끄덕이셨다. "아버지, 흰옷 입은 사람만 따라가야 해요. 예수님 손만 잡고 가세요. 그래야 천국 가고 나중에 우리 다 같이 모여서 살 수 있어요." 아버지는 계속 고개를 끄덕이셨고 오빠는 옆에서 흐느껴 울기 시작했다. "아버지, 오빠도 이제 교회에 다닐 거야. 오빠 그렇지?" 오빠는 알겠다고 했다. 동생에게도 물었다. "너도 교회에 다닐 거지?" 동생도 그러겠다고 했다. "아버지가 먼저 가서 기다리고 있어요. 우리 모두 예수 믿고 천국 갈 거니까요." 아버지는 알겠다고 하셨다. 그리고 모두 어쩔 수 없이 각자의 직장으로 흩어졌다. 남편만 회사에 이야기해도 되는 상황이라서 옆에서 아버지를 지켰다.

나는 금요일이어서 어쩔 수 없이 금요심야기도회를 마치고 친정으로 갔다. 오빠는 친정에 와 있었고 남편은 이 밤은 내가 지킬 테니 조금이라도 자라고 했다. 그래서 아버지를 보고 자려고 아버지에게 갔는데 다른 때보다 눈에 초점이 없어보였다. 내가 "아버지, 아버지!" 하고 부르니 남편이 "예수님의 손을 잡고 있는데 왜 부르냐."라고 했다. 그땐 그 말을 심각하게 듣지 못했다. '예수님의 손을 잡고 있으니 좋은 거네.' 정도로 생각했던 것 같다. 옆방으로 와서 이불을 꺼내고 있는데 남편의 다급한 소리가 들렸다. "이리 와보세요!" 거실에 있던 오빠와 옆방에 있던 나와 엄마는 급하게 안방으로 갔다. 남편은 계속 아버지의 가슴에 손을 얹고 있었는데 심장이 뛰지 않고 있다고 했다. 그렇게 아버지는 내가 오기를 기다리시다가 천사의 손을 잡고 하늘나라로 가셨다. 입관 때 내가 너무 우니까 남편이 말했다. "입관 때 아버지가 제일 건강하셨던 모습으로 한 서방, 고마워. 나 너무 좋은 곳에 왔어."라고 하셨다고 나를 안심시켰다. 아버지는 남편에게 정말로 고마웠나 보다. 어찌 보면 자식보다 더 옆에 있으며 기도하고 임종을 지켰던 사위에게 고마움을 갖고 계셨나 보다. 나는 아버지의 열흘을 옆에서 지키며 머리로만 알던 천국과 지옥, 영적 싸움, 마귀와 천사를 실제로 겪었고 성도들에게 이야기할 간증을 하나님께서는 허락하셨다. 이런 내용을 권사님께 이야기해드렸다. 권사님은 많이 놀라워하셨다. 그리고 천국과 지옥이 있음을 믿으셨다. 나는 금전 저축보다 중요한 것이 기도의 저축이라고 생각한다. 어려움이나 감당할 수 없는 현실로 그 당시에 하는 기도도 중요하지만 평상시에 기도를 꾸준히 할 때, 갑작스런 상황이 생겨도 대처할 수 있는 성령의 역사하심을 느낄 수 있다. 그러기 위해서 평상시에 꾸준히 기도하는 것이 중요하다.

"기도 외에는 다른 것으로는 이런 종류가 나갈 수 없느니라 하시니라."(막 9:29)

이 말씀은 치유와 능력을 말씀하시는 것이지만 나는 일상생활에 일어나는 작고 큰 모든 일에도 기도 외에는 다른 방법이 없다고 생각한다. 예수님도 겟세마네에서 기도하실 때 인간적인 생각은 이 잔이 자신에게서 지나가는 것이지만 아버지의 뜻대로 하시기를 기도한다. 기도할 때 내 생각 또는 하나님 아버지의 뜻을 알 수 있고 하나님의 뜻대로 나의 생각을 바꿀 수 있는 것이다.

하나님과 더 가까워지는 방법

06

　뉴욕에서 소방서장을 보낸 보너(Bonner)가 자신은 잠을 잘 때 침대 위에 걸린 소방벨을 아무리 작게 해놓아도 그 소리에 민감하게 반응해서 잠을 깨지만 밤새도록 우는 아기의 울음소리는 반응하지 않고 잠을 잔다고 한다. 그런데 아내는 큰 소방벨 소리에는 잠을 잘 수 있지만 아기가 바스락거리는 소리만 나도 벌떡 일어난다는 것이다.

　이는 소리에 민감한 것이 아니라 사명에 민감한 것이다. 우리도 하나님의 소리에 민감하게 반응하여야 한다.

"하나님을 가까이하라. 그리하면 너희를 가까이하시리라. 죄인들아 손을 깨끗이 하라. 두 마음을 품은 자들아 마음을 성결하게 하라."(약 4:8)

하나님을 가까이하면 하나님도 우리와 가까이 하신다고 말씀하신다. 하나님께서는 원래 사람을 창조하실 때 가까이에 사람을 두시고 함께 교제하셨다. 하나님은 천지를 창조하시고 아담과 하와를 흙으로 만드시고 에덴동산에서 살게 하셨다. 아름다운 에덴동산에는 근심이나 걱정이 없고 하나님과 자유롭게 이야기를 나눌 수 있는 공간이었다. 그러나 아담과 하와는 사단의 유혹에 넘어가 선악과를 따먹는 죄를 지었다. 그래서 아담과 하와의 후손들은 더욱더 죄악 가운데 빠져서 하나님과의 관계가 회복되지 못했다. 그러나 예수님이 하나님과 인간의 관계를 회복하기 위해서 희생양으로 이 땅에 오셔서 인간의 모든 죄를 지시고 십자가에 못박혀 죽으심으로 우리는 하나님과의 관계가 회복되었다.

우리가 하나님과 가까워지는 방법은 예수 그리스도를 힘입는 방법밖에 없는 것이다.

"나는 참포도나무요 내 아버지는 농부라 무릇 내게 붙어 있어 열매를 맺지 아니하는 가지는 아버지께서 그것을 제거해버리시고 무릇 열매를 맺는 가지는 더 열매를 맺게 하려하여 그것을 깨끗하게 하시느니라. 너희는 내가 일러준 말로 이미 깨끗하여졌으니 내 안에 거하라. 나도 너희 안에 거하리라. 가지가 포도나무에 붙어 있지 아니하면 스스로 열매를 맺을 수 없음같이 너희도 내 안에 있지 아니하면 그러하리라. 나는 포도나무요 너희는 가지라 그가 내 안에, 내가 그 안에 거하면 사람이 열매를 많이 맺나니 나를 떠나서는 너희가 아무것도 할 수 없음이라."(요 15:1~5)

예수님은 포도나무요, 너희는 가지라고 하셨다. 이렇게 예수 그리스도와 붙어 있으라고 하신다. 이보다 가까울 수 있을까? 그런데 예수님은 더 나아가 사람이 내 안에 거하지 않으면 가지처럼 밖에 버려져 불에 던져 사른다고 하신다. 그리고 2절 말씀을 보면 더 열매를 맺게 하려 하여 가지를 깨끗하게 하신다고 되어 있다. 상식적으로는 비료를 더 주거나 물을 더 준다가 맞지 않을까? 그리고 야고보서 4장 8절에서도 가까이 하라는 말씀 다음에 손을 깨끗이 하라고 하셨다. 하나님은 우리 속사람이 깨끗하기를 원하신다. 죄를 예수님의 보혈로 깨끗이 씻어야 한다. 회개하여야 한다는 것이다. 죄악을 멀리하라는 것이다. 이렇게 죄악을 멀리하고 예수 그리스도와 함께하라는 것이다. 그렇게 할 때에 하나님께서 많은 열매를 맺게 해주실 것이다.

하나님과 가까워지는 첫 번째 방법은 성경을 읽는 것이다. 이 책에 성경으로 은혜를 받은 내용을 다 쓰려면 한 권으로 부족할 것이고 나에게 주신 은혜와 각각에게 주시는 은혜가 다르다고 생각한다. 한 번 읽었을 때 주시는 은혜와 두 번, 세 번, 열 번을 읽었을 때의 은혜가 다르다. 요즘은 바빠서 성경을 못 읽고 기도를 못 한다는 분들이 너무 많음이 안타깝다. 100년을 못 살 인생에 너무 많은 시간을 투자하는 것에 비해서 영원을 바라고 원하는 분들의 천국에 대한 투자가 너무 미흡함을 볼 때마다 '저분들이 천국에 대한 소망이 있는가?' 궁금하기도 하고 더 나아가 하나님을 믿는 것인지가 의심스럽기도 하다.

예전에 목사님의 설교에서 들은 내용인데 성경을 보물섬에 가는 지도로 생각해보라고 하셨던 것이 생각난다. 천국에 가는 지도로 생각하고 읽어보자. 요즘은 성우들이 성경을 읽어주는 것도 많이 나와 있다. 눈이 안 좋은 어르신들에게는 그것도 좋은 방법이기는 한데, 성경을 안 보는 것보다 낫다는 것이지 직접 성경을 펴고 글자를 보며 읽는 것보다는 아닌 것 같다. 왜냐하면 성경을 틀어놓고 왔다 갔다 여러 일을 하시는 분을 많이 보았기 때문이다. 아니면 출퇴근 시간에 귀에 이어폰을 꽂아놓고 들으신다고 하시는 분도 보았는데 물론 그런 시간까지 이용하여 하나님께 집중하려는 마음은 알겠지만 주위가 시끄럽기도 하고 졸립기도 하고 집중이 되지 않을 것 같다는 게 내 생각이다.

나도 신학교에 다닐 때 오고 가는 시간이 한 시간씩 걸려서 성경책을 읽으려고 전철에서 펴봤다. 집중이 되지 않았다. 집중력이 뛰어난 사람이라면 문제가 없겠지만, 나름 나도 집중력이 좋다고 생각했는데 되지 않았다. 소설책이나 잡지야 전철에서 읽을 수 있다. 그러나 성경책은 대충 읽을 수 있는 책이 아니다. 나는 어려서부터 성경을 읽을 때 기도하고 다 읽고 기도하는 것으로 배웠다. 읽기 전에 '지혜를 주셔서 내용이 이해가 되고 하늘의 비밀을 깨닫게 해주시길' 기도했다. 그리고 다 읽고 나서 '사사로이 억지로 풀지 않게 해주시고 하나님께서 직접 깨달아 알게 해주시고 마음에 머리에 남게 해주시길, 그리고 모르겠는 내용, 이해가 안 되는 내용이 이해가 되게 깨달아 알게 해주시기를' 기도했다.

하나님과 가까워지는 두 번째 방법은 기도이다. 기도는 영혼의 호흡이라는 말은 너무도 잘 아는 이야기이다. 공기를 통한 호흡이 없이는 우리가 살 수 없듯이 하나님과의 기도가 없이는 우리는 하나님의 사람이라고 할 수 없다. 그러니 영적 전쟁에서 승리할 수가 없다. 우리가 영적으로 능력이 있으려면 기도를 항상 쉬지 말고 해야 하며 기도가 힘 있고 진실하고 간절해야 한다. 그런데 문제는 성도들이 기도를 길게 하지 못한다는 것이다. '어떻게 항상 기도합니까? 저는 하루에 식사 기도만 합니다. 아무리 기도해도 5분을 넘기지 못합니다.'라고 하는 분들이 많다. 기도도 습관이 필요하다. 예수님도 습관을 따라 겟세마네에서 기도하셨다고 했다. 그러니 우리도 기도를 시간을 정하고 장소를 정해서 해야 한다. 그리고 노트를 준비하라. 처음에는 노트에 적어보자. 내가 어떤 기도를 어떻게 하는지를 알 수 있다. 시간이 얼마나 걸리는지도 알 수 있다. 구체적으로 할 수 있게 된다. 더 자세히 적어보자. 수박 겉핥기식으로 하는 기도를 하고 있는지도 체크할 수 있다. 그리고 매일 똑같이 기도하는지 다르게 하는지도 알 수 있다. 습관기도는 다 좋은데, 한 가지 조심할 것이 있다. 매일 똑같은 내용을 하다 보면 기도가 매일 같아서 외우게 되고 외우게 되면 기도를 하면서 다른 생각을 하게 된다. 이런 기도는 자세하거나 간절한 것이 아닌 것이다. 기도를 하면서 저녁에 반찬 메뉴를 생각하게 된다는 권사님도 보았다. 자세하게 간절하게 해야 한다. 그런데 기도는 해야겠는데 정말 뭐라 해야 하는지 모르겠다는 분도 계신다. 그러면 뭐라 하지 않더라도 그렇게 간절한 마음으로 기도를 하고 싶은데 뭐라 해야 할지 모르겠으니 알려달라고 간절한 마음으로 기도하라.

"이와 같이 성령도 우리의 연약함을 도우시나니 우리는 마땅히 기도할 바를 알지 못하나 오직 성령이 말할 수 없는 탄식으로 우리를 위해 친히 간구하시느니라."(롬 8:26)

"너희가 악할지라도 좋은 것을 자식에게 줄 줄 알거든 하물며 너희 하늘 아버지께서 구하는 자에게 성령을 주시지 않겠느냐."(눅 11:13)

이 말씀은 내가 기도할 때마다 많이 사용한 구절이다. 이것저것 안 될 때면 이 말씀을 가지고 떼를 쓰기도 했다. "다른 것도 아니고 기도 잘하고 싶고 성령 충만하고 싶고 말씀을 잘 알고 싶은 것에 대해 하나님이 알려 주셔야 하는 것 아닙니까?" 하고 하나님께 구할 때마다 사용한 구절이다. 성도님들도 하나님께 기도할 때 말씀을 가지고 기도하면 좋겠다. 하나님은 기도하는 자에게 가까이 해주겠다고 말씀으로 약속하셨다.

"여호와께서는 자기에게 간구하는 모든 자 곧 진실하게 간구하는 모든 자에게 가까이하시는도다."(시 145:18)

하나님은 진실하게 간구하는 사람을 가까이해주신다고 하신다.

"우리 하나님 여호와께서 우리가 그에게 기도할 때마다 우리에게 가까이하심과 같이 그 신이 가까이함을 얻은 큰 나라가 어디 있느냐."(신 4:7)

기도할 때마다 가까이해주신다고 하신다. 이처럼 성경 말씀에 기도할 때 하나님께서 가까이해주신다고 약속해주신다.

하나님과 더 가까워지는 방법은 여러 가지가 있다. 찬송을 부를 때도 있지만 이것은 곡조 있는 기도이기에 두 번째 방법인 기도에 포함된다고 본다. 정말 기도가 안 되고 마음이 답답하고 머리가 복잡할 때, 찬송보다 더 좋은 방법이 없다. 그리고 예배를 드릴 때, 마음을 정직하고 신실하게 하나님을 사랑할 때 등 하나님과 가까워지는 방법은 여러 가지가 있지만 공부라든가 다른 무슨 일에도 지름길이 없고 기본에 충실해야 하는 것처럼 하나님과 더 가까워지는 방법도 성경과 기도가 기초이자 제일 중요하다고 이야기하고 싶다.

하나님의 뜻을 위하여, 우리를 위하여 기도하자

07

"아버지여 만일 아버지의 뜻이거든 이 잔을 내게서 옮기시옵소서. 그러나 내 원대로 마시옵고 아버지의 원대로 되기를 원하나이다."(눅 22:42)

이는 예수님이 겟세마네동산에서 하신 기도이다. 철저하게 하나님의 뜻대로 하시고자 하는 예수님의 기도이다. 그러면 하나님의 뜻은 어디서 알 수 있는가? 창세기에서 계시록까지 하나님의 뜻과 계획하심이 적혀 있는 것이 성경이다. 그러므로 하나님의 뜻을 가장 알기 좋은 것은 성경에서 찾아보는 것이다. 그리고 하나님의 뜻을 알 수 있는 것은 하나님이 직접 알게 해주시는 것이다. 즉 계시를 해주시면 하나님의 뜻을 알 수 있다.

"보소서 내가 양털 한 뭉치를 타작마당에 두리니 만일 이슬이 양털에만 있고 주변 땅은 마르면 주께서 이미 말씀하심같이 내 손으로 이스라엘을 구원하실 줄을 내가 알겠나이다 하였더니 그대로 된지라. 이튿날 기드온이 일찍이 일어나서 양털을 가져다가 그 양털에서 이슬을 짜니 물이 그릇에 가득하더라. 기드온이 또 하나님께 여쭈되 주여 내게 노하지 마옵소서. 내가 이번만 말하리이다. 구하옵나니 내게 이번만 양털로 시험하게 하소서. 원하건대 양털만 마르고 그 주변 땅에는 다 이슬이 있게 하옵소서 하였더니 그 밤에 하나님이 그대로 행하시니 곧 양털만 마르고 그 주변 땅에는 다 이슬이 있었더라."(삿 6:37~40)

이 말씀처럼 기드온이 이스라엘을 자신이 구해야 하는 징조를 원할 때 하나님께서 직접 알게 해주셨다.

"너는 내게 부르짖으라. 내가 네게 응답하겠고 네가 알지 못하는 크고 은밀한 일을 네게 보이리라."(렘 33:3)

기드온처럼 우리도 하나님 앞에 진실함과 겸손함을 가지고 하나님의 뜻을 구하면 응답하시고 알지 못하는 크고 은밀한 일을 보여주겠다고 약속하셨다. 내가 내 의지로 뭔가를 해보려고 하는 것이 아니라 하나님께 온전히 맡기고 나가면 하나님의 뜻을 깨닫게 된다. 스스로는 하나님의 뜻을 알 수 없다. 하루하루를 기도로 시작하며 나를 내려놓고 나의 삶을 온전히 하나님께 맡길 때 하나님은 하나님의 뜻을 알려주시며 나의 길을 인도하실 것이다. 그리고 자연을 통해서, 날씨를 통해서도 하나님은 자신의 뜻을 알려주신다.

전에는 모두가 바빠서 기도할 시간이 없다고 했다. 때로는 주일예배를 빠지는 이유도 바빠서라고 했다. 산으로, 골프장으로 가느라 교회에 못 오고 비오는 날만 오는 남자 성도님들이 계셨다. 이제 코로나19로 여행을 가기도 어렵고 저녁이면 모임을 할 수 없어서 집으로 가는데도 교회에 못 오고 영상예배로 주일예배를 드리니 마음이 하나님과 멀어지는 것 같다고 하시는 것을 보게 된다. 바쁠 때는 바빠서 안 되고 억지로라도 시간이 되어서 집에서 해보려니 안 된다고 한다. 지금의 시대를 전문가들은 여러 시각으로 바라보며 코로나 이후 시대에 많은 변화가 있을 것이라고 대비해야 한다고 이야기들을 한다. 나는 지금 이 시기에 나의 신앙과 우리의 신앙을 점검해봐야 한다고 생각한다. 예전보다 지금 코로나19 시기에는 TV를 틀면 많은 목사님들이 나와서 좋은 설교를 해주시니 말씀에 목마르지는 않아서 좋겠지만, 나는 나쁜 습관이 들까 봐서 걱정이 된다. 교회에 오는 시간을 줄여서 좋다는 분도 있고 가족이 다른 교회를 다녔는데 같이 예배를 드려서 좋다는 분도 있다. 물론 좋은 점도 있겠지만, 자다 부스스 일어나서 소파에 앉아서 예배를 드릴 수도 있고, 물 좀 가지러 한 번, 화장실도 한 번, 그러다가 말씀 마치면 예배드렸다고 할 수도 있으니 말이다. 어떤 권사님이 하신 말씀이다. 처음엔 교회에 간다는 생각으로 화장도 하고 머리도 하고 예배를 드리셨다고 한다. 그런데 몇 번이 지나고 이불에 누워서 예배드리는 자신을 발견했다고 한다. 본인이 신앙이 아주 좋은 줄 알았는데 아니라며 속상해하셨다. 지금처럼 코로나 확진자가 많을 때는 각자의 처소에서 영상예배로 드리는 것이 맞다. 그러나 신앙생활은 절대 혼자 할 수 없다. 교회에서 있는 여러 교육과 모임과 교제가 성도님들의 신앙을 성숙시키는 것이다.

교회는 유기적 공동체(생명을 가지고 있으면서 생활할 수 있는 기능을 가지고 있다. 전체적으로 구성하고 있는 것들끼리 밀접하게 이어져 있는 것. 그러면서 각 부분이 서로 체계적으로 관련성을 가지고 있기 때문에 떼어낼 수도 있다.)이다. 유기적 공동체는 각각 개성이 있는 사람들이 평등한 상태로 공동체를 이루었다. 교회는 유기적 공동체로서 예수 그리스도와 함께 하나가 되어가는 것이다. 교회는 혼자로서 유지되어 갈 수 있는 것이 아니기 때문이다. 그리고 교회는 교육과 친교를 나누는 공동체이다. 교회에 모여서 하던 이런 일들을 이제는 각자의 자리에서 감당하고 있다. 전화와 문자, SNS 등 어떤 것을 이용하든 우리는 서로 소통하고 있다. 지금 이런 시대에 더욱 더 기도하는 것이 중요함을 우리는 느끼고 있다. 하나님은 어쩌면 이런 때를 위해 성도가 서로 교통할 수 있는 영적인 방법을 열어놓으셨다. 모여서 소리가 들리는 공간에 한정해서 기도의 응답을 허락하셨다면 참으로 어려운 시기이지 않겠는가? 그러나 하나님은 시공간을 뛰어넘어 역사하시니 얼마나 놀랍고 감격적인 일인가 말이다.

"그때에 아말렉이 와서 이스라엘과 르비딤에서 싸우니라. 모세가 여호수아에게 이르되 우리를 위하여 사람들을 택하여 나가서 아말렉과 싸우라. 내일 내가 하나님의 지팡이를 손에 잡고 산꼭대기에 서리라. 여호수아가 모세의 말대로 행하여 아말렉과 싸우고 모세와 아론과 훌은 산꼭대기에 올라가서 모세가 손을 들면 이스라엘이 이기고 손을 내리면 아말렉이 이기더니 모세가 팔이 피곤하매 그들이 돌을 가져다가 모세의 아래에 놓아 그가 그 위에 앉게 하고 아론과 훌이 한 사람은 이쪽에서, 한 사람은 저쪽에서 모세의 손을 붙들어 올렸더니 그 손이 해가 지도록 내려오지 아니한지라 여호수아가 칼날로 아말렉과 그 백성을 쳐서 무찌르니라."(출 17:8~13)

말씀을 보면 싸우는 것은 여호수아와 백성이었지만, 모세의 기도로 전쟁의 승패가 갈리는 것을 볼 수 있다. 이스라엘 백성들은 오랜 행진으로 지쳐 있었고 전쟁에 대한 어떤 훈련도 받지 못했다. 이런 이스라엘 백성들의 뒤에서 아말렉 군대가 기습했음을 신명기 25장 17절에서 18절로 알수 있다. 중보기도는 우리에게 어떤 어려운 일이 생겼을 때, 하나님께서우리에게 알려주신 기도인 것이다.

"환난 날에 나를 부르라. 내가 너를 건지리니 네가 나를 영화롭게 하리로다." 시편 50편 15절에 말씀하셨다. "일을 행하시는 여호와, 그것을 만들며 성취하시는 여호와, 그의 이름을 여호와라 하는 이가 이와 같이 이르시도다. 너는 내게 부르짖으라. 내가 네게 응답하겠고 네가 알지 못하는 크고 은밀한 일을 네게 보이리라."(렘 33:2~3)

우리가 부르짖어 기도하면 하나님께서 응답하시겠다고 말씀하신다. 우리는 지금까지 마가의 다락방에서 기도했던 제자와 예수님을 따르던무리처럼 모여서 기도했다. 마가의 다락방에 주셨던 성령의 역사하심을우리는 경험하였고 사마리아 땅 끝까지 이르러 예수 그리스도의 증인이되려고 애쓰는 나라로 부족함이 없을 정도로 선교에 힘썼던 것이 사실이다. 그러나 이제는 모여서 기도하기가 어려운 때가 되었다. 그렇다고 우리가 기도를 쉴 수는 없다. 더 어려운 상황 가운데서도 다니엘은 자신의집에서 윗방에 올라가 하루 세 번씩 무릎을 꿇고 기도하였다고 다니엘 6장 10절에 기록되어 있다. 목숨을 건 기도를 다니엘은 한 것이다. 우리도 각자의 처소에서 하나님께 부르짖는 기도를 해야 할 때이다. 코로나19에 대한 여러 이야기가 있지만 나는 그런 어떤 이야기보다 중요하다고 생각하는 것은 지금이야말로 하나님 앞에 무릎을 꿇고 기도해야 할 때라고 생각한다. 기독교인들은 위기의 때마다 기도로 위기를 이겨 나갔다. 그 어떤 때보다 지금이 위기의 때가 아닌가? 코로나 바이러스로 우리나라 뿐만 아니라 세계 모든 나라가 죽어가고 있다. 사람의 힘으로 감당할 수 없는 것은 하나님께 구하는 수밖에 없는 것이다. 다니엘이 하루에 세 번 시간을 정하여 기도한 것처럼 우리도 기도하자. 니느웨 사람들이 요나 선지자의 말을 듣고 하나님을 믿고 금식을 선포하고 높고 낮은 자를 막론하고 굵은 베옷을 입고 회개함같이, 왕이 듣고 왕복을 벗고 굵은 베옷을 입고 재 위에 앉은 것처럼.

"왕과 그의 대신들이 조서를 내려 니느웨에 선포하여 이르되 사람이나 짐승이나 소 떼나 양 떼나 아무것도 입에 대지 말지니 곧 먹지도 말 것이요 물도 마시지 말 것이며 사람이든지 짐승이든지 다 굵은 베옷을 입을 것이요 힘써 하나님께 부르짖을 것이며 각기 악한 길과 손으로 행한 강포에서 떠날 것이라. 하나님이 뜻을 돌이키시고 그 진노를 그치사 우리가 멸망하지 않게 하시리라. 그렇지 않을 줄로 누가 알겠느냐 한지라 하나님이 그들이 행한 것 곧 그 악한 길에서 돌이켜 떠난 것을 보시고 하나님이 뜻을 돌이키사 그들에게 내리리라고 말씀하신 재앙을 내리지 아니

하시니라."(욘 3:7~10)

이 말씀이 이 시대에도 임하시기를 우리도 기도해야 한다.

이것이 이 시대에 하나님의 뜻을 위하여, 우리를 위하여 기도해야 하는 가장 큰 기도제목인 것이요, 가장 큰 중보기도의 제목인 것이다. 애굽에 내려졌던 재앙 가운데서도 이스라엘 백성에게는 재앙이 없게 보호하시고 마지막 열 번째의 재앙인 장자의 죽음에서 어린 양의 피를 문설주에 바른 이스라엘 백성에게는 재앙이 넘어가게 하셨던 그 하나님에게 예수 그리스도의 보혈을 힘입어 기도하자. 니느웨 백성처럼 먼저 나의 죄를 고백하자. 내 마음대로 살 수 있다고 교만했던 것과 오만한 자리에 있었던 모든 것을 돌이켜 하나님 앞에 겸손함으로 돌아오자. 그리고 하나님의 뜻에 순종하기로 결단하자.

"믿음이 없이는 하나님을 기쁘시게 못하나니 하나님께 나아가는 자는 반드시 그가 계신 것과 또한 그가 자기를 찾는 자들에게 상 주시는 이심을 믿어야 할지니라."(히 11:6)

이 말씀을 기억하며 우리를 부르신 이가 하나님이심을, 그리고 찾는 자에게 상 주시는 이가 하나님이심을 기억하며 하나님 앞에 각자의 신앙을 가지고 부르짖어야 할 때인 것이다.

기적을 일으키는 기도의 기술

08

〈뉴욕타임즈〉에 한국과 미국의 의학 전문가들이 불임 치료와 관련해서 공동 조사한 결과가 실린 적이 있다. 서울 차병원과 컬럼비아 의대 산부인과에서 공동으로 실시한, 제3자의 기도와 불임치료의 연관 관계에 대한 연구 논문이었다. 그들은 1998년부터 1999년 사이에 차병원에서 불임 치료를 받은 199명의 환자와 미국, 캐나다, 호주의 기독교 신자들을 대상으로 '기도와 임신 성공률'에 내해 조사했다. 연구진은 환자가 모르게 불임 치료를 받는 환자를 크게 두 그룹으로 나누었다. 그런 다음 한 그룹은 미국, 캐나다, 호주에 있는 각기 다른 종파의 기독교 신자들에게 사진을 나누어주고 그들이 임신에 성공할 수 있도록 기도를 부탁했고, 다른 한 그룹은 기도를 부탁하지 않았다. 그런데 중보기도를 받으며 불임 치료를 받은 여성들의 임신 성공률이 기도를 받지 않은 여성들의 임신성공률보다 두 배 더 높게 나타났다. 공동 연구자인 로보 박사는 이렇게 말했다. "연구 결과가 도저히 있을 수 없는 일처럼 느껴졌기 때문에 이를 발표해야 할지 오랫동안 고민했습니다. 하지만 두 그룹 사이의 임신율 차이가 너무나 컸기 때문에 무시할 수 없었습니다." 물론 이런 결과에 대해 우연의 일치라거나 통계의 오류라고 무시할 수도 있다. 기도 응답의 결과를 실험과 같은 방식으로 입증하는 것은 불가능한 것이 사실이다. 그러나 모든 교회에서 중보기도의 응답이 넘쳐나고 간증이 있다는 것은 기도로 기적이 일어난다는 것을 입증하는 것과 같다.

먼저 성경에서 기도의 응답으로 주어진 기적을 살펴보려고 한다.

"여호와께서 여호수아에게 이르시되 보라 내가 여리고와 그 왕과 용사들을 네 손에 넘겨주었으니 너희 모든 군사는 그 성을 둘러 성 주위를 매일 한 번씩 돌되 엿새 동안을 그리하라. 제사장 일곱은 일곱 양각 나팔을 잡고 언약궤 앞에서 나아갈 것이요 일곱째 날에는 그 성을 일곱 번 돌며 그 제사장들은 나팔을 불 것이며 제제사장들이 양각 나팔을 길게 불어 그 나팔 소리가 너희에게 들릴 때에는 백성은 다 큰 소리로 외쳐 부를 것

이라. 그리하면 그 성벽이 무너져 내리리니 백성은 각기 앞으로 올라갈지니라 하시매."(수 6:2~5)

난공불락의 요새, 여리고성이 군대의 숫자나 힘이 아니라 성을 돌다가 이스라엘 백성이 지른 고함소리에 무너졌다고 성경은 말하고 있다. 이것이 기적이 아니고 무엇이겠는가?

"엘리사가 사자를 그에게 보내 이르되 너는 가서 요단 강에 몸을 일곱 번 씻으라. 네 살이 회복되어 깨끗하리라 하는지라. 나아만이 이에 내려가서 하나님의 사람의 말대로 요단 강에 일곱 번 몸을 잠그니 그의 살이 어린아이의 살같이 회복되어 깨끗하게 되었더라."(왕하 5:10, 14)

나아만이 나병(한센병)이 나서 엘리사에게 찾아와 요단강에 일곱 번 몸을 잠그니 나병이 나아서 어린아이의 살같이 회복되어 깨끗하게 되었다고 한다. 그 시대에나 지금이나 나병이 물로 씻어 깨끗하게 된 것은 기적이다. 이처럼 성경은 이적과 기적의 이야기로 가득하다. 성경에 기록된 기적에 대해 다 기록한다면 그것만으로도 책 한 권이 될 것이다. 성경에 기록된 기적에 대해 요약해서 살펴보면 기도하는 사람에게 기적이 일어날 것이라는 하나님에 대한 믿음이 있거나, 하나님의 강권적인 역사가 있어야 한다는 것이다. 구약에서나 신약에서나 공통되는 내용이다. 그리고 이루어지기까지 기도했다는 것이다.

"많은 날이 지나고 제 삼 년에 여호와의 말씀이 엘리야에게 임하여 이르시되 너는 가서 아합에게 보이라 내가 비를 지면에 내리리라… 그의 사환에게 이르되 올라가 바다 쪽을 바라보라. 그가 올라가 바라보고 말하되 아무것도 없나이다. 이르되 일곱 번까지 다시 가라. 일곱 번째 이르러서는 그가 말하되 바다에서 사람의 손만한 작은 구름이 일어나나이다. 이르되 올라가 아합에게 말하기를 비에 막히지 아니하도록 마차를 갖추고 내려가소서 하라 하니라."(왕상 18:1, 43~44)

엘리야는 하나님의 말씀을 붙들고 비가 내리기를 기도하고 있다. 기도하다가 포기하고 만 것이 아니라 하늘에 구름 한 점이 없이 쨍쨍하여도 구름이 보이기까지 끝까지 기도하였다. 그리고 여리고 성을 돌던 이스라엘 백성도 마찬가지이다. 여리고 성을 한 바퀴 돌 때마다 성이 조금씩 무너져 내린 것이 아니다. 견고한 성은 조금도 변함이 없었다. 그렇다고 포기하지 않았다. 무너지기까지 여리고성을 돌 뿐이다.

나는 아버지가 돌아가시기 전에 철야를 작정하고 기도했다. 아버지는 이미 뇌졸중으로 말씀을 하지 못했다. 아버지에게 어떤 변화가 있는지 바로 알 수 없었고, 아버지의 눈빛과 고개를 끄덕거리시는 것으로 알 수 있는 것은 별로 없었다. 눈빛에 불안과 공포만 보였다. 그러나 절대 포기하지 않았다.

"주 예수를 믿으라. 그리하면 너와 네 집이 구원을 받으리라."라는 말씀을 붙잡고 기도했다. 나에게 주 예수를 믿게 한 성령님이 나의 아버지에게도 구원을 이루실 것을 믿었다. 그 말씀을 붙잡고 기도하며 아버지의 얼굴에 평안이 깃들었고 예수 그리스도를 믿어야 한다고 하면서 "하나님이 세상을 이처럼 사랑하사 독생자를 주셨으니 이는 그를 믿는 자마다 멸망하지 않고 영생을 얻게 하려 하심이라."라는 말씀을 전하며 믿어지는지 믿어지면 속으로 '아멘.' 하시고 고개를 끄덕이라고 했을 때, 아버지는 고개를 끄덕이셨다. '너무 아프시고 정신이 맑은지 모르겠고 말은 하실 수 없는데 그냥 내가 기도만 하지, 뭐.'라고 소극적으로 대응했다면 아마도 하늘나라, 하나님 아버지 앞에 섰을 때, 무엇이라 대답하겠는가? 우리는 우리에게 맡겨주신 영혼들 앞에 적극적으로 기도해야 한다.

"이에 베드로는 옥에 갇혔고 교회는 그를 위하여 간절히 하나님께 기도하더라. 헤롯이 잡아 내려고 하는 그 전날 밤에 베드로가 두 군인 틈에서 두 쇠사슬에 매여 누워 자는데 파수꾼들이 문 밖에서 옥을 지키더니 홀연히 주의 사자가 나타나매 옥중에 광채가 빛나며 또 베드로의 옆구리를 쳐 깨워 이르되 급히 일어나라 하니 쇠사슬이 그 손에서 벗어지더라."(행 12:5~7)

말씀을 보면 베드로가 옥에 갇혀 있고 교회에서 그를 위해 기도할 때 하나님이 일하심을 볼 수 있다.

어느 권사님이 말씀하신 이야기이다. 병원에서 검사했을 때, 이미 암이 4기였다고 하셨다. 암병동에 입원했는데 입원실에 1기로 입원한 분을 만났는데 그분이 밥도 가져다주고 권사님을 많이 도와주셨다고 했다. 병실에서 모두 권사님의 상태가 가장 안 좋아서 모두 죽을 것이라고 생각하는 것 같았다고 한다. 그러나 권사님은 죽는다고 절대 생각하지 않으셨고 교회에서 모두 권사님을 위해 중보기도를 했다고 한다. 그리고 권사님은 암 수술을 하셨고 지금까지 하나님께서 건강을 지켜주셔서 잘 지내고 있다고 나에게 말씀해주셨다. 그 권사님을 처음 만난 자리에서 해주신 말씀이다.

이런 경우처럼 의학적으로나 보는 사람의 눈에 비치는 상태와 상관없이 하나님께서 우리의 중보에 역사해주시는 경우가 많다. 그리고 성경에서도 아이를 낳을 수 없는 상황의 사라에게 이삭을 주시고 한나에게 사무엘을 주신 것같이 지금도 의학적으로나 결혼하고 10년이 넘도록 생기지 않던 아이가 본인의 기도와 중보기도로 아기가 생기는 경우를 많이 볼 수 있다. 그리고 시험관 아기도 그렇게 몇 번을 시도해도 안 되었는데 중보기도를 하고 생기는 경우는 허다하다. 최근에는 코로나로 인해 자영업을 하시는 소상공인들이 힘들어하고 있다. 얼마 전에 있었던 일이다. 골목 안에 있는 작은 카페를 운영하던 권사님이 장사가 안 되어 일을 접게 되셨다. 골목 안에 있기도 하고 자신도 안 되어 영업을 안 하게 된 장소여서 그냥 계약 기간이 끝나면 나머지의 보증금을 받을 생각을 하고 있었다. 그러나 나는 중보기도 리스트에 올리고 기도하자고 말씀드렸다. 얼마 지나지 않아서 권사님에게 연락이 왔다. 작업실로 쓰겠다는 사람이 나타나서 가게가 나갔다는 것이다. 장소나 시기나 계약 기간까지 월세가 보증금에서 깎이고 나머지를 받으려고 했던 그 가게가 바로 원하는 사람이 나와서 월세를 깎이지 않고 받을 수 있게 된 것이다. 중보의 힘이 이것이다. 물론 자신들이 손해가 나지 않도록 이익을 남기기 위해서 중보기도를 하는 것은 아니다. 그러나 각자에게 하나님이 베풀어주시는 은혜에 맞게 기도하는 것이다.

기적을 일으키는 기도의 기술이란 다른 것이 아니라 하나님이 가르쳐주신 기도를 잘 실천함에 있다. 내가 성경을 보며 신앙생활을 하며 깨달을 것은 하나님을 전적으로 믿고 성경의 말씀을 붙잡고 응답이 오기까지 기도하는 것이다. 어떻게 기도하느냐가 중요하다.

하나님의 말씀을 온전히 붙잡고 된 줄로 믿고 될 것에 대하여 의심하지 말고 온전히 된 것처럼 기도하라. 그것이 잘 안 되고 의심이 생기고, 머리와 가슴에서 자꾸 여러 갈래로 나뉜다면 내 육체와 정신을 치는 방법으로 나는 금식을 한다. 그리고 하나님 앞에 믿음 없음을 회개하며 믿음 없음을 도와달라고, 믿음을 더해달라고 먼저 간절히 기도한다. 그리고 다시 기도해야 하는 내용을 된 줄로 믿고 감사함으로 기도한다.

The Gift of GOD

4장

하나님은
여전히
나를 사랑하십니다

내가 잘못 알고 있었던 하나님

01

1505년 7월 2일 루터는 친구와 함께 부모님 집에 다녀오던 들판에서 갑작스런 벼락을 맞아 루터는 그 자리에 쓰러지고 친구는 즉사를 했다. 그것은 루터에게 충격적인 사건이었다. 당황한 루터는 깜짝 놀라 수도사가 되겠다고 서원했고 곧이어 에르푸르트에 있는 어거스틴 수도원으로 들어갔다. 이 충격적인 경험에서 젊은 루터에게 하나님은 무서운 하나님이었다. 루터는 수도원에 들어간 깃도 하나님의 소명에 대한 순종이라기보다 죽음에 대한 공포 때문이었다. 그리고 그는 수도원에서도 엄격한 규칙에 따라 살았다. 그는 매일 자신의 의지를 죽이고, 두려움을 이기기 위해 최선을 다했다. 1510년에 에르푸르트의 어거스틴 수도원에 논쟁이 생겨서 교황의 급한 대답을 듣고자 루터가 로마로 파송되었다. 그는 로마의 라테란 성당을 찾아가 28계단으로 된 빌라도의 계단을 무릎으로 올라갔다. 그러나 아무런 변화도 없었다. 그는 부푼 기대를 가지고 로마를 찾았으나 실망과 환멸만 안고 로마를 떠났다.

이러한 루터의 체험은 중세적 신앙과 영성으로 살아온 그로 하여금 새로운 신앙의 길을 찾는 계기를 제공했다. 하나님은 법학도 루터를 어느 날 벼락 가운데 불러 율법적인 수도원과 부패한 로마를 통해 새로운 개혁의 길로 인도하고 있었다.

나도 어린 시절에 만난 하나님은 "노아가 육백 세가 되던 해 둘째 달 곧 그달 열이렛날이라. 그날에 큰 깊음의 샘들이 터지며 하늘의 창문들이 열려 사십 주야를 비가 땅에 쏟아졌더라."(창 7:11~12)라는 말씀에 노아가 600세일 때 40일을 밤낮으로 비가 내려서 홍수로 세상을 멸망시킬 수 있는 하나님을 알게 되었다. 그리고 "그가 이 모든 말을 마치자마자 그들이 섰던 땅바닥이 갈라지니라. 땅이 그 입을 열어 그들과 그들의 집과 고라에게 속한 모든 사람과 그들의 재물을 삼키매 그들과 그의 모든 재물이 산 채로 스올에 빠지며 땅이 그 위에 덮이니 그들이 회중 가운데서 망하니라."(민 16:31~33) 말씀에서 사람을 산 채로 땅이 갈라져서 삼킬 수 있음을 성경에서 보게 되었다. 내가 10대 시절에 참으로 재미있게 보았던 인디아나 존스가 생생히 되살아나며 땅이 갈라지고 해골이 움직이던 그 모습이 오버랩되었다. 그래서인지 나에게 하나님은 무섭기만 한 존재였다. 주일예배를 안 가면 당장 무슨 일이 생길 것만 같았다. 그리고 금요철야 때마다 부르던 "하나님의 나팔소리" 찬양 때문이었을까? 아니면 예수님이 언제 오실지 모른다고 기름 준비하라는 설교 말씀 때문이었을까? 나는 천둥번개만 치면 아직도 회개를 한다. 혹시 예수님이 재림하실 때 남은 죄가 있을까 봐서 말이다. 그러나 시간이 흘러서 아이들을 낳고 키우며 하나님은 두려운 하나님이 아니고 은혜와 사랑의 하나님임을 깨닫게 되었다.

"여호와께서 기다리시나니 이는 너희에게 은혜를 베풀려하심이요 일어나시리니 이는 너희를 긍휼히 여기려 하심이라. 대저 여호와는 정의의 하나님이심이라. 그를 기다리는 자마다 복이 있도다."(사 30:18)라는 말씀처럼 하나님은 우리에게 은혜를 베푸시려고 기다리는 분이다. 누가복음 15장에 나와 있는 탕자의 아버지처럼 아들이 돌아오기를 항상 문 밖에 나와 기다리듯이, 자녀를 키워보니 나의 그 급한 성격이 어디로 갔는지, 엄마라는 단어를 듣기 위해 하루에도 몇 십 번이라도, 몇 백이라고 '엄마'라는 말을 되뇌고, 그것을 하기까지 몇 날 며칠, 아니 몇 달을 계속하게 된다. 걸음마도 마찬가지고, 뭐든 지치지 않고, 짜증내지 않고 하고 있는 나를 발견한다. 어느 정도 자라기까지, '왜? 저거 뭔데?'를 계속하지만 화내지 않고 계속 가르쳐준다. 내가 엄마가 아니었다면, 엄마라고 안 해도 좋으니 귀찮게 이야기하지 않았을 것이다. 하루에도 수십 번은 "저거 뭐야? 이거 뭐야?"를 묻는 아이에게 내 자녀가 아니라면, 제발 조용히 좀 하라고 했을 것이다. "너는 내 아들이라. 오늘 내가 너를 낳았도다."라고 시편 2편 7절에 말씀하신다. 또한 갈라디아서 4장 6절 말씀에 "너희가 아들이므로 하나님이 그 아들의 영을 우리 마음 가운데 보내사 아빠 아버지라 부르게 하셨느니라."고 말씀하시고 계시다. 그 아버지 되시는 하나님이 우리를 끝까지 사랑으로 기다리고 계신다.

내가 집사로 섬기던 교회에서 담임목사님이 설교 중에 교회에 일주일에 열 번씩 3년을 나와서 복을 못 받으면 담임목사님에게 직접 와서 따지라고, 책임져주신다고 하셨다. 주일 설교 말씀이었는지, 수요예배 설교였는지, 철야설교였는지 생각이 안 난다. 아예 설교 본문이나 설교 내용도 생각이 나지 않는다. 그저 '복'에 꽂혀서 집에 와서 어찌해야 일주일에 열 번을 갈 수 있는지 따져봤었다. 주일에 오전, 저녁, 수요예배, 금요기도회, 새벽예배, 주일학교 예배까지 해서 열 번을 갈 수 있다는 것을 세어봤다. 다른 사람도 아니고, 담임목사님께서 말씀하셨는데 안 되면 정말로 따지러 갈 심산이었다. 그렇게 열심히 살다가 어느 날 3년쯤 지났다는 생각이 들어서 생각을 해봤다. 중간에 조금 못 지킨 적도 있겠지만, 나름 열심히 해왔던 터라서 하나하나 생각을 해봤다. 가족 모두 건강한 것은 목사님 말씀을 순종하기 전에도 그랬던 것이고, 남편이 직장에서 직위가 엄청 높아지고 월급이 많아진 것도 아니고, 아무리 생각해도 복권에 당첨된 것도 아니고 교회를 일주일에 열 번씩 나간 것이 3년이 지났는데 전후가 별로 변한 것이 없는 것 같았다. 목사님이 설교에 장담하셨으니 정말로 따지러 가도 되겠다는 생각을 했다.

언제 날짜를 잡아서 가야겠다는 생각을 갖고 있었는데 기도하는데 하나님이 이런 마음을 주셨다. '물질의 복만 하나님께 받은 복인가? 건강만이 하나님이 주신 복인가? 예수 믿지 않는 집에서 불러서 예수 믿게 하고 신학 공부를 하게 해서 주의 종이 되게 함도 복이 아닌가?'라는 마음을 주셨다. 나름대로 예수 잘 믿고 있다고 생각한 나도 먼저 육신적인 복을 먼저 따지고 있는 것이 하나님 앞에 참으로 부끄러웠다. 하나님은 복 주시는 하나님이다. 그러나 그 복을 현세적인 복에만 치중하여 어렵고 힘들 때는 하나님을 부인하고 물질이 넉넉할 때만 감사하는 태도는 버려야한다. 이스라엘 백성이 오병이어의 기적을 보고 예수님이 우리를 배부르게 할 분으로만 여겼던 것처럼, 우리도 물질의 복만, 건강의 복만 생각해서는 안 된다는 것이다.

"선지자 예레미야가 여호와의 성전에 서 있는 제사장들과 모든 백성들이 보는 앞에서 선지자 하나냐에게 말하니라. 선지자 예레미야가 말하니

라. 아멘. 여호와는 이같이 하옵소서. 여호와께서 네가 예언한 말대로 이루사 여호와의 성전 기구와 모든 포로를 바벨론에서 이곳으로 되돌려 오시기를 원하노라. 그러나 너는 내가 네 귀와 모든 백성의 귀에 이르는 이 말을 잘 들으라. 나와 너 이전의 선지자들이 예로부터 많은 땅들과 큰 나라들에 대하여 전쟁과 재앙과 전염병을 예언하였느니라. 평화를 예언하는 선지자는 그 예언자의 말이 응한 후에야 그가 진실로 여호와께서 보내신 선지자로 인정받게 되리라."(렘 28:5~9)

예레미야는 바벨론에 항복하고 바벨론 왕을 섬겨야 함을 선포했고 하나냐는 바벨론에 잡혀갔던 사람들이 2년 만에 고국에 돌아올 것이요, 성전 물품과 기구도 유다 땅으로 돌아올 것이라는 희망을 선포했다. 사람들은 하나님을 믿는다고 하면서도 천년만년을 살 것처럼 준비할 때가 있다. 내 삶이 평안하다, 평안하다 속이며 살 때가 있는 것이다. 주의 일이나 교회에 참석을 하루 이틀 미루며 말이다. 누가복음 12장 16절에서 21절의 부자처럼 말이다. 나에게도 가끔씩 찾아온다. '내일할까? 내일 하면 뭐 어떻겠어?' 육체의 연약함을 내세우며, "마음은 원이로되 육신이 약하여서 조금만 미루겠나이다." 하나님 앞에 양해를 구한다.

그러나 예수님은 "주의하라 깨어있으라 그때가 언제인지 알지 못함이라. 그가 홀연히 와서 너희가 자는 것을 보지 않도록 하라." 마가복음 13

잘 33절과 36절에 말씀하신다. 우리나라 속담에도 태어나는 순서는 있어도 떠나는 순서는 없다고 한다. 그런데도 나도 아직은 젊다고 생각하고 죽을 것이라는 생각은 하지 않는다. 그렇기에 내일로 미룰 때가 있다. 내일로 미루는 것이 여러 가지 있겠지만 누가복음의 부자 이야기를 보면 일하는 것을 미루는 것에 대해 말씀하시는 것은 아닌 것 같다. 마가복음의 말씀에도 '깨어 있으라' 하신 것이 부지런히 일하라고 깨어 있으라고 하신 것은 아닌 것 같다. 예수 그리스도를 믿는 믿음에 굳게 서서 시험에 들지 않도록 깨어 기도하기를 원하시는 하나님의 뜻이다.

내가 잘못 알고 있던 하나님에 대해 여러분은 그렇지 않기를 바란다. 잘못된 것에 대해 무섭게 혼내시는 하나님으로 알고 있었던 것도, 하나님을 따르면 물질의 복을 주시는 로또 하나님으로 알았던 것도, 시시때때로 하나님에 대해서 게을러지고, 나태해지는 마음을 항상 다 잡는 우리가 되기를 바란다. 사도 바울처럼 대단한 주의 종도 "내가 내 몸을 쳐 복종하게 함은 내가 남에게 전파한 후에 자신이 도리어 버림을 당할까 두려워함이로다."라고 고린도전서 9장 27절에 말씀하고 있다. 항상 근신하고 깨어 기도하지 않으면, 어떤 오류에 빠져 예수님을 돌로 치라고 외치던 이스라엘의 군중이 되어 있을지 알 수 없다.

포기하지 않으시는 하나님

02

이진세 시인의 시 「기다림」에는 이런 구절이 나온다.

"(전략)

기다림은 어렵다.

포기는 쉽다.

예수는 인간을 포기하지 않았다.

예수는 인간이 모두 돌아오기를 바라고 기다린다.

나는 항상 그런 예수를 닮기 원했다.

그 기다림이 나를 용납했고

그의 헌신이 나를 살렸다.

그의 사랑이 나를 지금에 이르게 했다.

(중략)

나를 포기하지 않는 예수

예수를 닮기 원하는 나

포기할 것인가.

기다릴 것인가."

이진세 시인의 기다림이란 시가 너무 좋고 내 마음과 같아서 적어 보았다. 그러나 시인과 다른 것은 나는 아이를 낳아 키워봐서 그런지 포기가 기다림보다 쉽지는 않다는 것이다. 사랑하는 사람을 포기할 수 있다면 이미 아주 옛날에 다들 포기했겠지. 포기하는 심정은 심장을 도려내는 것보다 아프다. 그래서 기다릴 수밖에….

그래서 하나님이 가정마다 엄마를 두셨다는 말이 있기도 하다. 그런 하나님이 우리를 포기할 수 없음에 그 아들 독생자 예수 그리스도를 주셨다고 하신다.

"무릇 하나님의 영으로 인도함을 받는 사람은 곧 하나님의 아들이라. 너희는 다시 무서워하는 종의 영을 받지 아니하고 양자의 영을 받았으므로 우리가 아빠 아버지라고 부르짖느니라."(롬 8:14~15)

이 말씀에서 독생자 예수 그리스도를 믿으면 양자의 영을 받아 하나님을 아버지라고 할 수 있다고 기록되어 있다. 그러므로 하나님은 우리를 자녀로 삼으셨기에 우리를 절대 포기할 수 없는 것이다.

"여호와께서 아브람에게 이르시되 너는 너의 고향과 친척과 아버지의 집을 떠나 내가 네게 보여줄 땅으로 가라. 내가 너로 큰 민족을 이루고 네게 복을 주어 네 이름을 창대하게 하리니 너는 복이 될지라."(창 12:1~2)

이 말씀을 보면 하나님께서 아브람에게 복을 주시되 큰 민족을 이룰 것이라고 말씀하신다. 이때가 아브람이 75세이다.

"아브람이 구십구 세 때에 여호와께서 아브람에게 나타나서 그에게 이르시되 나는 전능한 하나님이라 너는 내 앞에서 행하여 완전하라. 내가 내 언약을 나와 너 사이에 두어 너를 크게 번성하게 하리라 하시니 아브람이 엎드렸더니 하나님이 또 그에게 말씀하여 이루시되 보라 내 언약이 너와 함께 있으니 너는 여러 민족의 아버지가 될지라. 이제 후로는 네 이름을 아브람이라 하지 아니하고 아브라함이라 하리니 이는 내가 너를 여러 민족의 아버지가 되게 함이니라… 하나님이 또 아브라함에게 이르시되 네 아내 사래는 이름을 사래라 하지 말고 사라라 하라. 내가 그에게 복을 주어 그가 네게 아들을 낳아 주게 하며 내가 그에게 복을 주어 그를 여러 민족의 어머니가 되게 하리니 민족의 여러 왕이 그에게서 나리라."(창 17:1~16)

창세기 12장에서 17장 사이에 아브라함에게 24년의 시간이 흘렀음을 알 수 있다. 아브라함에 대한 성경의 말씀을 보면서 많은 사람들은 아브라함이 하나님의 말씀이 성취되기까지의 기다림이라고 이야기한다. 그러나 나는 하나님의 기다림이요, 하나님의 포기하지 않으심으로 본다. 75세의 아브라함에게 99세 때의 말씀을 주셨다면 어찌 되었을까? 75세의 아브람은 인간적인 방법을 총동원한다. 롯을 상속자로 삼을까? 아브람 집에서 자란 다메섹 사람 엘리에셀을 상속자로 삼을까? 그것도 아니면 사래의 종인 하갈을 통해 낳은 이스마엘을 상속자로 삼을까? 인간적인 방법을 총동원했던 아브람이다.

우리에겐 이런 모습이 없을까? 전에 같은 여선교회에 있던 집사님의 일이다. 아기를 가지면 유산이 빈번해서 힘들어하고 있었다. 온 교회가 그 집사님을 위해 기도했다. 수학을 가르치는 일을 했는데 얼마 후에 임신되었다고 하여서 모두가 기뻐하고 유산이 되지 않기를 모두가 기도했다. 2개월이 지나고 3개월이 지나는데도 집사님은 일주일이 멀다하고 초음파를 보러 갔다. 의사 선생님도 잘 자라고 있으니 오지 않아도 된다고 했다는데 그 집사님은 초음파를 보지 않으면 계속 불안해했다. 아기는 5개월이 되어서 유산이 됐다. 하나님을 믿으라고, 눈으로 볼 수 있는 초음파를 믿는 것이 아니라 생명을 주관하시는 그분을 믿으라고 이야기해도 본인도 그래야지 하는데 그것이 안 된다며 울었다. 많은 기도와 신앙의 성장 후에 집사님은 딸과 아들을 낳아 잘 기르고 계신다. 우리가 소원이 이루어지기를 기다리는 것일까? 하나님께서 우리의 신앙이 자라기를 바라며 우리를 포기하지 않으시고 기다려주시는 것일까?

"하나님이 이르시되 이리로 가까이 오지 말라. 네가 선 곳은 거룩한 땅이니 네 발에서 신을 벗으라. 또 이르시되 나는 네 조상의 하나님이니 아브라함의 하나님, 이삭의 하나님, 야곱의 하나님이니라."(출 3:5~6)

하나님이 이스라엘을 이끌고 애굽에서 나오기 위해 모세를 지도자로 부르시는 장면이다. 모세가 애굽의 궁정에서 최고의 교육을 받고 최고의 지식과 체력을 가졌던 40대에 쓰시지 않고 왜 80세의 노년에 사용하시려고 하시는 것일까? 모세는 그 광야에서 얼마나 긴 시간을 고독과 기다림으로 지냈을까? 광야에서의 40년이 모세의 교만과 혈기를 얼마나 깎아내는 시간이었을까? 그 모든 시간을 지켜보시며 훈련시키셨을 하나님. 모세는 광야에서 40년 동안 왕자의 신분으로 살았던 교만을 내려놓는 것을 훈련받았을 것이고, 또 광야에서 이스라엘 백성을 이끌어야 하는 기본기를 미리 배워야 했을 것이다.

사람은 모든 것에 빠르게 성공하고 싶겠지만, 그러면 교만과 독단에 빠지기 쉽다. 우리 주위에 얼마나 많은 사람들이 이런 실수를 저지르는지 우리는 많이 본다. 재벌의 자녀 중에 부모님의 성공과 돈을 자신의 것처럼 사용하다가 나락에 빠지는 경우도 볼 수 있다. 사업을 하는데 승승장구하자 교만하여 하나님을 잊고 살다가 빚더미에 앉아서 하나님 앞에 와서 회개하며 용서를 구한다는 간증도 많이 들었다. 그리고 오래전에 부흥회 때 오신 목사님께 들은 이야기이다. 어떤 중년의 여인이 기도하다가 하나님의 음성을 들었다고 한다. 하나님께서 남편을 통해 복을 주겠다는 음성을 들었다고 한다. 남편이 공무원이었는데 아무리 생각해도 공무원 월급으로는 부자가 되기는 어려울 것 같았다고 한다. 그래서 남편에게 공무원을 때려치우고 사업을 하자고 했단다.

부흥회 목사님이 그렇게 말씀하셨다. 하나님의 음성을 들었으면 더 기다리면서 어떤 복을 주실 것인지를 더 묻고 들어야지 음성들은 것보다 자신의 생각이 더 많이 들어가서 자기 뜻대로 행하는 경우가 얼마나 많은가를 말씀하셨다. 이렇게 사람에겐 너무도 성급하고 자만한 모습을 많이 볼 수가 있다.

"우리가 아직 연약할 때에 기약대로 그리스도께서 경건하지 않은 자를 위하여 죽으셨도다. 의인을 위하여 죽는 자가 쉽지 않고 선인을 위하여 용감히 죽는 자가 혹 있거니와 우리가 아직 죄인 되었을 때에 그리스도께서 우리를 위하여 죽으심으로 하나님께서 우리에 대한 자기의 사랑을 확증하셨느니라."(롬 5:6~8)

우리가 죄인일 때에 그리스도께서 우리를 위해 죽으셔서 하나님의 사랑을 확실하게 증거하셨다고 하신다. 우리의 죄악을 스스로 해결하지 못하고 계속 죄의 종노릇하는 것을 보시고 구약에 예언하신 대로 하나님으로서 인간의 모습을 입으시고 죄인이 되어 죽으신 것이다.

"너희 안에 이 마음을 품으라. 곧 그리스도 예수의 마음이니 그는 근본 하나님의 본체시나 하나님과 동등됨을 취할 것으로 여기지 아니하시고 오히려 자기를 비워 종의 형체를 가지사 사람들과 같이 되셨고 사람의 모양으로 나타나사 자기를 낮추시고 죽기까지 복종하셨으니 곧 십자가에 죽으심이라."(빌 2:5~8)

말씀이 예수 그리스도에 대해 잘 표현하고 있다. 하나님의 본체시나 사람들과 같이 되셔서 십자가에 죽기까지 복종하신 예수님은 하나님이 우리에게 보이신 최고의 사랑이신 것이다.

하나님은 사람이 자신의 의지대로 악과 싸워 선을 택하며 하나님을 기쁘시게 할 수 있는 존재가 되지 못함을 아셨다. 한없는 용서하심과 기다림으로도 해결되지 못하는 죄를 예수 그리스도가 속죄의 제물로 드려짐으로 하나님과 사람 사이의 막힌 담을 허시길 원하셨다.

"그는 우리의 화평이신지라. 둘로 하나를 만드사 원수 된 것 곧 중간에 막힌 담을 자기 육체로 허시고 법조문으로 된 계명의 율법을 폐하셨으니 이는 이 둘로 자기 안에서 한 새 사람을 지어 화평하게 하시고 또 십자가로 이 둘을 한 몸으로 하나님과 화목하게 하려 하심이라."(엡 2:14~16)

예수 그리스도 없이 하나님과 우리가 하나 될 수 없음을 아시고 하나님은 독생자 예수를 우리를 위해 십자가에 못 박으셨다.

"자기 아들을 아끼지 아니하시고 우리 모든 사람을 위하여 내주신 이가 어찌 그 아들과 함께 모든 것을 주시지 아니하겠느냐."(롬 8:32)

하나님이 아들을 주시기까지 우리를 사랑하셨음을 이야기하고 있다. 그뿐만이 아니라 더 나아가 독생자를 주신 하나님께서 우리에게 모든 것을 주신다고 하셨다.

이처럼 포기하지 않으시는 하나님의 사랑으로 인해 영 죽을 수밖에 없던 우리가 하나님 앞에 나갈 수 있게 된 것이다. 어떠한 잘못과 허물이 있다고 해도 예수 그리스도의 보혈의 공로를 힘입어 회개하며 하나님 앞에 담대히 나아가자.

"우리에게 큰 대제사장이 계시니 승천하신 이 곧 하나님의 아들 예수시라. 우리가 믿는 도리를 굳게 잡을지어다. 우리에게 있는 대제사장은 우리의 연약함을 동정하지 못하실 이가 아니요 모든 일에 우리와 똑같이 시험을 받으신 이로되 죄는 없으시니라. 그러므로 우리는 긍휼하심을 받고 때를 따라 돕는 은혜를 얻기 위하여 은혜의 보좌 앞에 담대히 나아갈 것이니라."(히 4:14~16)

분명히 예수님이 우리의 연약함을 체질적으로 아시므로 그분께 우리의 연약함을 아뢰면 때에 따라 돕는 은혜를 주신다고 하신다. 나는 할 수 없으나 나를 아시는 예수님께 아뢰면 하나님의 그 포기하지 않고 사랑해 주심으로 인해 나의 본질적 진노의 종 된 자리에서 하나님의 자녀로 바뀔 수 있는 것이다.

하나님은 여전히 나를 사랑하십니다

03

니코스 카잔차키스가 쓴 『성자 프란체스코』에 삽입된 짧은 우화이다.

옛날에 평생 완전함에 도달하고자 애쓴 수도자가 있었다. 그는 자기가 가진 모든 것을 가난한 사람들에게 나누어주고 사막으로 들어가 밤낮없이 신에게 기도했다. 그러다 마침내 죽음의 날이 와서 천국의 문을 두드렸다. 그때 안에서 목소리가 들렸습니다. "넌 누구냐?" 수도자는 대답했다. "접니다." 그러자 목소리가 대답했다. "여기는 둘이 있을 자리가 없다. 돌아가라!" 수도자는 다시 세상에 돌아와 열심히 수도 생활을 했다.

그러다 다시 운명의 시간이 와 하늘로 올라가 천국의 문을 두드렸다. "넌 누구냐?" 똑같은 목소리가 들려왔다. "접니다." 수도자가 대답했다. 그러자 목소리가 다시 대답했다. "여기는 둘이 있을 자리가 없다. 돌아가라!" 수도자는 다시 세상에 떨어져 전보다 더 치열하게 수도를 하다가 100살 노인이 되어 죽은 그는 다시금 천국의 문을 두드렸다. "넌 누구냐?" 또다시 같은 목소리가 들려왔습니다. 그때 수도자는 황급히 대답했다.

"당신입니다. 주님, 당신이에요!" 그러자 즉시 문이 열렸다. 이 우화에서 나는 "내가 그리스도와 함께 십자가에 못 박혔나니 그런즉 이제는 내가 사는 것이 아니요 오직 내 안에 그리스도께서 사시는 것이라 이제 내가 육체 가운데 사는 것은 나를 사랑하사 나를 위하여 자기 자신을 버리신 하나님의 아들을 믿는 믿음 안에서 사는 것이라."(갈 2:20~21)라는 말씀을 머리로만 알고 마음으로 살지 않는 나를 발견하는 것만 같다. 우리는 말씀을 안다고 하지만 말씀대로 사는 것이 아니라 내 뜻대로 살아갈 때가 많다.

"그때에 너희는 그 가운데서 행하여 이 세상 풍조를 따르고 공중의 권세 잡은 자를 따랐으니 곧 지금 불순종의 아들들 가운데서 역사하는 영이라. 전에는 우리도 다 그 가운데서 우리 육체의 욕심을 따라 지내며 육체와 마음의 원하는 것을 하여 다른 이들과 같이 본질상 진노의 자녀이었더니."(엡 2:2~3)

이 말씀처럼 우리는 본질상 진노의 자녀들이기 때문에 절대 구원받을 수 없는 존재였다.

"긍휼이 풍성하신 하나님이 우리를 사랑하신 그 큰 사랑을 인하여 허물로 죽은 우리를 그리스도와 함께 살리셨고(너희는 은혜로 구원을 받은 것이라) 또 함께 일으키사 그리스도 예수 안에서 함께 하늘에 앉히시니 이는 그리스도 예수 안에서 우리에게 자비하심으로써 그 은혜의 지극히 풍성함을 오는 여러 세대에 나타내려 하심이라. 너희는 그 은혜에 의하여 믿음으로 말미암아 구원을 받았으니 이것은 너희에게서 난 것이 아니요 하나님의 선물이라."(엡 2:4~8)

말씀에 우리를 살리심은 전적인 하나님의 은혜요, 선물이라고 하신다.

나는 기독교와 관련된 어느 것도 없는 집안에서 태어났다. 어려서부터 외갓집에서 가까운 곳에서 살았는데 외할머니는 불교 신자셨고 각종 제사와 고사를 지내셨다. 어린 시절에 특별한 먹을거리가 없던 시절에 고사떡은 내가 제일 좋아하는 음식이었다. 그래서 고사가 있으면 할머니 댁에 가서 할머니 심부름을 도왔다. 떡을 장독대에도 가져다놓고 집 온갖 장소에 가져다놓았다. 그러고 나면 고사떡(시루떡)을 맘껏 먹을 수 있었다. 왜 떡을 온갖 장소에 가져다놓는지는 알 수 없었다. 문 밖에까지 가져다놓았다. 먹을 수 있는 음식을 그런데 놓는 것이 아깝다고 생각했을 뿐이다. 엄마를 따라 절에도 갔다. 등산하는 것과 공기가 맑은 것이 좋았지만 절 안에 피워놓은 향은 싫었다. 엄마와 아주머니들이 정말 열심히 절을 해서 나도 따라 했던 기억이 있다. 아마 초등학교도 들어가기 전이었던 것 같다.

그런 나를 하나님은 긍휼히 여기셔서 친구를 통해 교회로 초대하셨다. 아무리 생각해도 그것은 우연이라고 할 수 없다. 친구의 오빠가 그 많은 장소를 놔두고 내가 살던 집의 건너편에 개척했다는 것은 기적이라고 생각한다. 가장 민감한 사춘기 시절에 겪게 될 시련에 엇나가지 않고 주의 길을 가게 하려 했던 큰 그림의 한 조각이라고 생각한다. 그 후에도 신학 공부를 하기까지 8년이 넘는 세월을 이런저런 핑계로 순종하지 못했다. 별로 잘나지도 못하고 특출난 것도 하나 없으면서 참으로 하나님 앞에 많이도 튕겼는데도 하나님께서는 버려두지 않으시고 끝까지 주의 길을 가게 인도하셨다. 그 자비하심과 인자하심이 참으로 놀랍고도 감사할 뿐이다.

그뿐인가? 전도사로 사역하면서도 여러 어렵고 힘든 일이 있을 때마다 지혜와 힘을 주신다. 전도사 몇 년을 하면 일에 능숙해질까? 아니다. 매일이 새롭다. 만나는 사람이 다 다른 사람이기 때문이고, 시대가 바뀌기 때문이다. 요즘은 6개월에 세대가 달라진다고 하던가? 20년 전의 40대와 10년 전의 40대가 다르기 때문이다. 물론 50대, 60대도 다 다르다. 20년 전쯤에는 교회 일을 40대가 여선교회장님부터 모든 교회의 살림을 다 맡아서 했다. 그런데 그 세대가 지금도 교회의 일을 다 하시는 것 같다. 지금도 교회에서 60, 70대가 교회의 살림을 맡아 하시는 것을 보면 말이다. 지금의 40대는 본인이 소녀인 줄 아는 것 같다. 속만 그런 것이 아니고 외모도 그렇다. 내가 30대일 때 40대 후반의 권사님들이 찬양을 하면 거의 같은 짧은 커트 머리에 파마를 하고 비슷한 블라우스와 바지를 입으신 모습이 여느 집의 시어머니 같은 느낌으로 비슷비슷하셨다. 그런데 요즘 40대에서 이런 모습은 볼 수 없다.

요즘은 40~50대가 되어도 얼마나 젊어 보이는지 나이를 분간하기가 어렵다. 그리고 예전에야 여자들이 살림을 주로 했지만 요즘은 거의 모두 자신의 일을 가지고 있어서 교회에서 이루어지는 여러 일을 감당하기가 어려워진 시대가 되었다. 자신의 일들이 있기 때문에 예전처럼 내가 하려고 했던 일을 뒤로 미루고 우선 교회에서 진행되는 일을 하고 내가 하려던 일을 하는 방식의 삶을 사셨다. 그런데 지금은 모두 직업을 가지고 있어서 본인의 일을 미루고 싶어도 미룰 수 없는 시대가 되었다. 그것뿐만 아니라 '백수가 과로사'한다는 말처럼 직업을 갖고 있지 않은 사람들도 자기계발을 위해 많은 것을 배우러 다닌다. 국가적으로 여러 기관을 통해 많은 배움의 장을 열어놓은 결과로 삶이 윤택해지는 것은 좋은 현상이라고 본다. 그러나 모두 너무 바쁘게 지낸다. 더구나 민족성 자체가 빨리빨리 하며 쉬는 것을 못 하는 특성이 있어 무엇을 위해, 무엇을 하려고 바쁜지도 모르는 채 그냥 바쁘기만 한 경우도 있다. 운동도 해야 하고, 모임도 해야 하고, 취미도 있어야 하고, 그래서 어떤 권사님은 월요일부터 금요일까지 요일별로 무엇을 배우신다고 했다. 그리고 배우러 가는 장소도 다 다르다고 했다. 종류도 다양했다. 본인이 배우고 싶은 것이 있어서 배우는 것이야 누가 뭐라고 하겠는가? 그러나 배우는 분야도 각각이고 시간과 장소도 다르고 해서 회사를 다니는 사람 못지않게 더 바쁘니 집도 엉망이고 본인도 피곤하기도 하고 힘이 든다고 했다. 교회에 주일밖에 못 오시는 건 당연한 것이고, 본인 체력으로는 힘에 부치신다고 했다. 그런데 왜 그리 열심히 다니시는지 물어봤더니 그냥이라고 하신다. 거의 무료에 가깝게 가르쳐주고 집에 있으니 무료해서 하다 보니 그렇게 됐다고 하신다. 그리고 자기처럼 이것저것 배우러 다니는 사람이 배우는 곳에 가보니 많더라고 하셨다.

그 권사님의 이야기를 듣는데 전에 목사님의 설교에서 들은 예화가 생각이 났다. 사단들이 회의를 했는데 그리스도인들은 교회에 가는 것을 막을 수 없고 성경을 못 보게 하면 더 보고, 기도를 못 하게 하면 더 보니, 다 내버려두고 바쁘게 하자는 내용이었다. 일과 여러 가지로 바쁘게 해서 녹초가 되게 해서 설교나 말씀에 집중하지 못하게 해서 그리스도와의 관계를 끊어놓자는 내용이었다.

나는 그 말씀을 들을 때는 그럴 듯하게도 만든 우스갯소리인 줄 알았다. 그런데 시간이 흐를수록 정말 사단이 잘 짜놓은 함정이라는 생각이 든다. 모두가 너무 바쁘다. 간혹, 어떤 분은 교회의 일도 바쁘게 많이 한다. 그러나 속사람은 일처리에 급급하다. 하나님의 마음을 품고 하는지, 자신의 능력을 보여주기 위해 하는지 알 수 없다. 하나님을 생각할 시간, 성경을 읽을 시간, 기도할 시간이 없다. 바쁜 가운데 짬짬이 생기는 시간도 뉴스나 좋아하는 연속극 하나 정도는 시청해야 한다. 이해는 하는데 사람의 이해가 중요한 것이 아니기 때문이다. 하나님께서 좋아하시는 모습이 아닌 것이 문제이다. 제발 크리스천들에게 브레이크가 있기를 바란다. 걷다가 뛰다가 한 번쯤 멈춰서 내가 푯대를 향해 맞게 가고 있는지 체크해보자. 이렇게 달리는 것이 하나님이 원하시는 것인지 진지하게 하나님 앞에서 물어보는 시간을 갖기를 바란다.

하나님의 사랑은 성경에 잘 나타나 있다. 성경 전체가 우리에 대한 하나님의 사랑을 기록했다고 해도 과언이 아니다.

"자기 아들을 아끼지 아니하시고 우리 모든 사람을 위하여 내주신 이가 어찌 그 아들과 함께 모든 것을 우리에게 주시지 아니하겠느냐. 누가 능히 하나님께서 택하신 자들을 고발하리요 의롭다 하신 이는 하나님이시니… 높음이나 깊음이나 다른 어떤 피조물이라도 우리를 우리 주 그리스도 예수 안에 있는 하나님의 사랑에서 끊을 수 없으리라."(롬 8:32~39)

하나님의 사랑은 너무도 크고도 크다. 독생자를 주시기까지 사랑하신 그 사랑으로 우리에게 모든 것을 주시며 그 사랑을 끊을 수 없다고 기록되어 있다. 그런 사랑의 하나님이 나를 여전히 사랑하신다고 말한다.

하나님을 아는 사람은 행복하다

04

「나 가진 재물 없으나」라는 송명희 시인의 시 내용은 다음과 같다.

"나 가진 재물 없으나 나 남이 가진 지식 없으나 나 남에게 있는 건강 있지 않으나 나 남이 없는 것 있으니 나 가진 재물 없으나 나 가진 지식 없으나 나 남에게 있는 건강 있지 않으나 나 남이 없는 것 있으니 나 남이 못 본 것을 보았고 나 남이 듣지 못한 음성을 들었고 나 남이 모르는 것 깨달았네 공평하신 하나님이 남이 가진 것 나 없지만 공평하신 하나님이 남이 없는 것 갖게 하셨네."

이 시는 곡조를 붙여서 찬양으로 불렸다. 나도 참으로 좋은 찬양이라고 생각하고 불렀다. 이 시를 지은 송명희 시인이 태어날 때부터 중증 뇌성마비 환자라는 것은 찬양을 알고 나서 한참 후의 일이었다. 헬렌 켈러가 내 생애에 행복하지 않은 날은 단 하루도 없었다고 했다. 그러나 천하를 제패했던 나폴레옹은 내 생애에 행복한 날은 6일밖에 없었다고 했다. 이것의 차이는 무엇일까?

지금은 코로나로 인해 예배조차도 영상예배로 드리고 있지만 전에는 교회에서 봄, 가을로 총력전도를 하곤 했다. 매번 전도 때마다 앞장서서 전도대원으로 힘쓰셨던 고참 권사님과 전도 용지를 돌리는 것을 해본 적이 없는 집사님, 권사님이 길에 나오셔서 전도를 한다. 많이 해보시던 분들은 누구에게든 전도지를 건네면서 "예수님 믿으세요."를 잘하시지만 처음 나온 분들은 쭈볏거리다가 착해 보이는⑦ 분들께 전도지를 드린다.

그런데 고참 권사님들은 한결같이 저분은 예수님 믿는 분이라고 알아보신다. 어떻게 아시냐고 물어보면 예수님을 믿는 분들은 얼굴이 걱정, 근심이 없어 보인다고 하신다. 그렇다. 길을 가면서 한번 사람들의 얼굴을 찬찬히 바라보면 예수님을 믿는 분들은 얼굴에 기쁨이 있다. 예수 믿지 않는 분들보다 얼굴에 근심이 없어 보인다. 미간에 주름이 적다는 것을 알 수 있다.

"평안을 너희에게 끼치노니 곧 나의 평안을 너희에게 주노라. 내가 너희에게 주는 것은 세상이 주는 것과 같지 아니하니라. 너희는 마음에 근심하지도 말고 두려워하지도 말라."(요 14:27)

예수님이 세상에서 주는 것과 같지 아니 한 평안을 주신다고 했다. "내일 일을 위하여 염려하지 말라 내일 일은 내일이 염려할 것이요, 한 날의 괴로움은 그날로 족하니라."(마 6:34)

말씀에는 내일을 위하여 오늘 걱정하지 말라고 하셨다. 그러니 하나님의 자녀들은 걱정이 아니요 평안이니 얼굴에 근심, 걱정이 있을 수 없는 것이다.

"그가 찔림은 우리의 허물 때문이요, 그가 상함은 우리의 죄악 때문이라, 그가 징계를 받으므로 우리는 평화를 누리고 그가 채찍에 맞으므로 우리는 나음을 받았도다. 우리는 다 양 같아서 그릇 행하여 각기 제 길로 갔거늘 여호와께서는 우리 모두의 죄악을 그에게 담당시키셨도다."(사 53:5~6)

예수님이 우리의 모든 죄악과 허물을 담당하셔서 우리가 평화를 누린다고 하셨다. 우리는 하나님과 사이에 평화를 누리는 자로 살아가는 것이다. 그렇기 때문에 예수 그리스도를 믿는 믿음으로 사는 우리는 모든 것에 긍정적일 수 있는 것이다. 갈렙과 여호수아처럼 가나안을 정탐하고 온 다른 열 명은 거기에 있는 사람들이 거인 같고 이스라엘 백성이 메뚜기 같아 보인다고 했지만, 하나님이 주신 믿음의 눈으로 봐라봤을 때 거기 있는 사람들이 이스라엘의 밥으로 보였던 것이다.

신학교 시절에 같은 교실에서 공부했던 김종찬 목사님은 아주 잘나가는 가수였다. 그런데 이름만 빌려줬던 사업이 잘못되어 교도소에서 생활하게 되었다고 했다. 처음에는 나가면 복수하려는 생각으로 가득 찼다고 한다. 어찌어찌하여 그곳에서 찬양대에서 봉사하게 되면서 하나님을 만나고 성경을 그곳에서 열일곱 번 정도 읽게 되었다고 한다. 교도소라는 같은 장소가 지옥이 되기도 하고 하나님과 독대하는 자리가 되기도 하는 것이다. 그가 계속 잘나가는 가수로 살았다면 하나님을 만날 수 있었을까? 성경을 그렇게 많이 읽으려고 시간을 하나님 앞에 드렸을까? 그 잘나가던 가수가 세상의 모든 것을 끊고서 하나님 앞에 무릎을 꿇는 주의 종이 되었다는 것이 얼마나 귀한 일인지 하나님께 감사할 따름이다.

"믿음의 주요 또 온전하게 하시는 이인 예수를 바라보자. 그는 그 앞에 있는 기쁨을 위하여 십자가를 참으사 부끄러움을 개의치 아니하시더니 하나님 보좌 우편에 앉으셨느니라. 너희가 피곤하여 낙심하지 않기 위

하여 죄인들이 이같이 자기에게 거역한 일을 참으신 이를 생각하라."(히 12:2~3)

말씀은 우리가 피곤하여 낙심할 수 있음을 아신 주님께서 피곤하여 지치고 낙심되려고 할 때 하나님 우편에 앉으실 그 기쁨에 십자가를 참으신 예수님을 바라보라고 한다. 그 예수님이 믿음으로 우리를 온전하게 승리하게 하심을 믿자. 그 예수님이 우리의 소망이 되신다. 소망이 있는 크리스천은 그 소망으로 인해 행복할 수 있기 때문이다. 세상 사람들은 어려운 일이 닥치면 실망하고 분노하고 원망한다. 그러나 예수를 믿는 우리는 우리를 구원해주실 예수 그리스도를 바라보며 찬양을 한다.

교회에서 생활하다 보면 넘어지거나 떨어지거나 여러 이유로 다치는 분을 보게 된다. 그런데 참 신기한 것은 세상에서 그런 일을 당한 분들은 거의 재수가 없어서, 왜 길거리에 그런 것이 있어서 나를 다치게 만드냐고 화를 내는 경우가 많다. 그러나 교회에서 만난 분들은 거의 이만큼만 다친 것이 하나님의 은혜라서 감사하다는 것이다. 전에 알던 장로님이 욕조에서 넘어져서 팔이 골절되는 일이 있었다. 그런데 장로님께서는 머리나 다리를 다치지 않고 팔을 다친 것이 얼마나 하나님의 은혜인지 모르겠다고 하셨다. 교회에 다니고 하나님을 믿는다고 힘들고 어려운 일을 만나지 않는 것이 아니다. 어떤 일을 만나든지 하나님께 소망을 둔 사람들은 감사가 넘치고 그 소망으로 인해, 그 감사로 인해, 행복한 사람들이 크리스천인 것이다.

오래전에 박효진 장로님의 간증을 들은 적이 있다. 사형수에 대한 이야기였는데 불자였지만 평소의 품행이 너무 좋아서 종교는 다르지만 배울 점이 많다고 생각했다고 한다. 그러나 사형집행일에 그가 보인 모습은 공포로 물들어서 너무도 무섭게 변했다고 하셨다. 그리고 큰 죄인이지만 회개하고 예수님을 섬기는 사형수들의 마지막은 담대했다는 내용의 간증이 생각난다. 아담이 범죄를 저지른 이후에 사망은 인간의 역사 가운데 왕 노릇하였다. 모든 사람은 죽음의 공포 앞에 떨며 사망을 이겨보겠다고 불로초를 구하기도 하고 시신을 미라로 만들어 다시 살기를 소망했고, 죽어서도 시중을 들게 하겠다고 종들을 생매장하기도 했다. 그러나 이런 모든 것은 부질없는 일이다. 그러나 예수님이 부활하심으로 이 모든 문제를 해결하셨다. 예수님이 죄와 사망의 권세를 꺾으시고 부활하셨기 때문에 더 이상 죄와 사망이 우리를 어떻게 할 수 없다.

"사망아 너의 승리가 어디 있느냐 사망아 네가 쏘는 것이 어디 있느냐 사망이 쏘는 것은 죄요 죄의 권능은 율법이라. 우리 주 예수 그리스도로 말미암아 우리에게 승리를 주시는 하나님께 감사하노니 그러므로 내 사랑하는 형제들아 견실하며 흔들리지 말고 항상 주의 일에 더욱 힘쓰는

자들이 되라. 이는 너희 수고가 주 안에서 헛되지 않은 줄 앎이라."(고전 15:55~58)

목회자는 임종예배와 장례로 죽음에 직면한 분이나 죽음을 맞은 분을 많이 만날 수 있다. 그때야말로 그분의 신앙을 적나라하게 대면할 수 있는 자리이다. 물론 신앙생활을 하지 않은, 예수님을 영접하지 않은 분들도 만난다. 우리 모두는 하나님을 알고 예수 그리스도를 영접하고 그리고 가족에서 예수를 전하기를 바란다. 내가 그리고 가족이 생을 마감하려고 하는 순간에 행복할 수 있는 가장 좋은 방법이다.

"그에게 의로 여겨졌다 기록된 것은 아브라함만 위한 것이 아니요 의로 여기심을 받을 우리도 위함이니 곧 예수 우리 주를 죽은 자 가운데서 살리신 이를 믿는 자니라. 예수는 우리가 범죄한 것 때문에 내줌이 되고 또한 우리를 의롭다하시기 위하여 살아나셨느니라."(롬 4:23~25)

예수님은 우리의 죄 때문에 십자가에 달리셨고 또한 우리를 의롭다 하시기 위해서 부활하셨다. 예수님을 믿으면 구원을 받고 부활의 은혜에 참여하게 되는 것이다.

이 얼마나 놀라운 은혜인가? 하나님을 아는 사람은 행복하다는 것이 삶에서 행복한 것뿐 아니라 모두가 두려워하는 죽음의 문제를 해결하고 죽은 후까지 영원히 행복할 수 있는 비밀을 가졌으니 우리가 어찌 잠잠할 수 있겠는가? 나 혼자 천국 가려고 작정하지 않고서야 내 남편, 아내에게 더군다나 자녀에게 알리지 않을 수 없지 않은가? 많은 분들이 하시는 말씀은 가족이 더 어렵고 자녀가 말을 듣지 않는다는 것이 공통된 말씀이다. 맞는 말씀이다. 나도 절대 찬성하는 말이다. 그러나 기도할 수 있지 않은가? 정말 아주 열심히 최선을 다해 나의 마음을 담아서 간절히 기도해보자. 식사 기도하듯이 하지 말고, 금식하며 울며 부르짖으며 악한 것과 가까이하지 말고 기도해보자는 말이다. 믿는 자들을 주위에 3겹, 4겹으로 둘러싸주셔서 교회에 가지 않고는 못 견디게 친구, 선생님, 선배, 후배, 애인, 거래처, 모든 주위 사람들이 가족을 교회로 인도하기를 간절히 기도해보자는 것이다.

하나님과 함께 살아가는 사람은 천국 시민이다

05

드와이트 데이비드 아이젠하워(1890.10.14~1969.3.28)는 미국의 34대 대통령(1953~1961)이었다. 그가 마지막 임종의 시간을 맞이하고 있었다. 빌리 그레이엄 목사가 30분간 면회의 시간을 마치고 나오려 할 때 아이젠하워가 빌리 그레이엄 목사의 손을 잡았다. 빌리 그레이엄 목사가 "하실 말씀이 있으십니까?"하고 물었다. 아이젠하워 전 대통령이 "하나님을 어떻게 만나야 할지 제게는 확신이 없습니다. 도와주십시오. 마지막 부탁입니다." 빌리 그레이엄 목사는 주머니에서 성경을 꺼내놓고 어떻게 죄 사함을 받을 수 있으며, 어떻게 하나님의 자녀가 될 수가 있는지에 대해 진지

하게 설명해주었다. "선행으로 구원받는 것이 아닙니다. 우리의 무슨 업적이 있다고 하나님 앞에 갈 수 있는 것이 아닙니다. 우리의 모든 노력이 죄 문제를 해결할 수 없기 때문에 하나님이 독생자 예수 그리스도를 보내 주셨습니다. 내 모든 지나간 날의 죄를 회개하고 예수 그리스도를 나의 구주와 주님으로 영접하는 그 순간, 그분을 믿는 그 순간, 당신은 하나님의 자녀가 될 수 있습니다." 빌리 그래이엄 목사의 인도로 아이젠하워는 예수 그리스도를 구주와 주님으로 영접했다. 함께 기도가 끝났을 때, 아이젠하워가 마지막 말을 남겼는데 "빌리, 감사하오. 나는 이제 준비가 되었소."라는 말이었다. 이렇게 구원을 얻는 단 한 가지 조건은 예수 그리스도를 믿고, 또한 믿는다고 입으로 시인하는 것이다.

"내가 여러 번 너희에게 말하였거니와 이제도 눈물을 흘리며 말하노니 여러 사람들이 그리스도의 십자가의 원수로 행하느니라. 그들의 마침은 멸망이요 그들의 신은 배요 그 영광은 그들의 부끄러움에 있고 땅의 일을 생각하는 자라. 그러나 우리의 시민권은 하늘에 있는지라 거기로부터 구원하는 자 곧 주 예수 그리스도를 기다리노니 그는 만물을 자기에게 복종하게 하실 수 있는 자의 역사로 우리의 낮은 몸을 자기 영광의 몸의 형체와 같이 변하게 하시리라."(빌 3:18~21)

우리를 천국의 시민권자라고 한다. 그러므로 바울이 기록한 대로 천국의 시민이 아닌 자처럼 살면 안 되는 것이다. 그들의 신은 배라고 했다. 배불리 먹고사는 것에 초점을 두고 사는 인생인 것이다. 본능과 탐욕과 정욕을 좇아 사는 삶, 마음과 관심이 온전히 땅에 매여 있는 것이다. 그러나 천국에 시민권을 갖고 있는 예수를 믿는 우리는 이 세상에 살고 있지만 땅엣 것에 마음을 두고 사는 것이 아니라 하늘나라를 사모하고 위엣 것을 생각하고 사는 자인 것이다. 이곳은 여행지일 뿐이고 내 집은 천국인 것이다.

"바리새인들이 하나님의 나라가 어느 때에 임하나이까 묻거든 예수께서 대답하여 이르시되 하나님의 나라는 볼 수 있게 임하는 것이 아니요 또 여기 있다. 저기 있다고도 못하리니 하나님의 나라는 너희 안에 있느니라."(눅 17:20~21)

하나님의 나라가 너희 안에 있다고 한다. 물론 우리가 죽으면 하나님의 나라, 천국에 간다. 그 천국에서는 하나님이 직접 통치하시고 예수님과 항상 교제하는 그런 곳이다. 그런데 우리의 안에도 성령 되신 하나님이 임재하셔서 우리를 통치하신다. 그러므로 우리 마음속에는 믿음, 소망, 사랑, 평강과 희락이 가득 차 있다. 그런 마음을 가진 사람들이 모여서 예배드리는 곳, 교회에는 천국의 역사가 나타나는 것이다. 예수님도 공생애를 시작하시면서 처음에 하신 말씀이 "회개하라 천국이 가까웠다."라고 하셨다. 예수님은 죄인들의 죄를 용서하시고 병을 고치시고 귀신을 쫓아내는 일을 하셨다. 이것이 천국이 땅에서 이루어지는 것을 보여주시는 것 아니겠는가?

아담의 죄악으로 인해 사람들이 병들고 죽으며 땅이 엉겅퀴와 가시를 내던 곳에서 그리스도로 인해 죄악이 해결되고 병이 낫고 죽은 자를 살리고 땅에서 엉겅퀴와 가시의 저주가 사라지는 것이 천국이 이루어지는 것이다. 예수님이 이 땅에 오셔서 초대교회에서 제자들이 보여줬던 병을 고치고, 죽은 자를 살리던 것을 성경에서 보여주고 있다. 또한 복음이 들어가는 곳마다 가난이 물러가고 문명이 발전하는 것 또한 역사를 통해서 볼 수 있다. 그러나 이스라엘 민족이 보여줬던 것과 같이 부해지고 평안해지면 교만하여져서 타락하고 하나님을 배반하여 자기 뜻대로 행한 그대로 이제는 교만해지고 하나님을 배반하여 부를 우상으로 삼고 살아가는 유럽의 여러 나라들을 보고 있다. 또한 우리나라도 별반 다르지 않은 모습을 보이고 있다. 지금 우리의 교회는 어떠한가? 미움과 시기, 분열, 이것은 천국의 모습이 아닌 것이다. 지금 우리의 현실은 코로나19와 전 세계적인 이상 기후로 어려움에 처한 상태다. 이 모든 어려움을 벗어나는 것은 다시 천국 시민권자로서의 모습으로 우리가 회복되어야 하는 데 달려 있다. 하나님의 긍휼히 여기심과 엉겅퀴와 가시가 나는 곳을 다시 옥토로 변하게 하는 하나님의 능력에 의지해야 하는 것이다.

"너희 중에 고난 당하는 자가 있느냐 그는 기도할 것이요, 즐거워하는 자가 있느냐 그는 찬송할지니라. 너희 중에 병든 자가 있느냐 그는 교회의 장로들을 청할 것이요 그들은 주의 이름으로 기름을 바르며 그를 위하여 기도할지니라. 믿음의 기도는 병든 자를 구원하리니 주께서 그를 일으키시리라. 혹시 죄를 범하였을지라도 사하심을 받으리라. 그러므로 너희 죄를 서로 고백하며 병이 낫기를 위하여 서로 기도하라. 의인의 간구는 역사하는 힘이 큼이니라."(약 5:13~16)

의인의 간구는 역사하는 힘이 크다. 성경에서 말하는 의인은 예수 그리스도를 믿는 자를 말한다. 로마서 1장 17절에 "의인은 믿음으로 말미암아 살리라."라고 말한다. 하나님은 지금도 의인을 찾으신다. 소돔과 고모라에 의인이 열 명이 없어 망하였던 것을 창세기 18장에서 천사와 아브라함의 이야기에서 알 수 있다. 지금도 하나님은 의인을 찾으신다. 이 책을 쓰며 바라는 가장 큰 소망은 우리의 신앙을 다시 회복하여 천국의 시민권자인 우리가 천국의 시민권자다운 삶의 회복을 갖는 것이다. 각자에게 주신 달란트와 은사는 모두 다르다. 그 달란트와 은사에 맞게 살기를 원한다. 믿는 자의 의무이자 책임이며 축복의 통로인 기도를 하자는 것이다. 어느 나라의 시민이건 그 나라의 주권자에게 보호를 받는다. 그러나 그 나라 시민으로서의 책임도 있다. 세금도 내고 국방의 의무도 감당해야 하는 것이다. 그런데 우리는 복만 달라고 하는 경우가 얼마나 많은가? 물론 아버지는 우리가 하는 것에 비해 너무도 많은 것을 주시지만 아들도 아버지에게 해야 하는 것이 있지 않은가? 집에도 안 들어오는 아들에게 어떻게 밥을 주고 용돈을 주겠는가 말이다.

예수 그리스도를 믿는 자의 최소의 책임이 기도인 것이다. "쉬지 말고 기도하라." 데살로니가전서 5장 17절에 명령하고 있다. 예배당에서, 집에서, 일터에서, 경건한 모습으로 무릎을 꿇고, 의자에 앉아서, 길을 걸으며, 설거지를 하며, 어떠한 장소와 모습으로든, 소리를 내서든, 속으로든, 우리는 삶이 기도 되게 해야 할 것이다. 우리는 주님의 시민이고 주님이 그러기를 원하시기 때문이다. 하나님은 인간을 창조하시고 에덴동산에서 함께 이야기를 나누며 교제하셨다. 인간이 죄악을 저지른 후에 함께 거닐며 이야기를 직접 나누지는 못하지만 기도를 통해서 영감을 나눌 수 있도록 하셨다. 이렇게 소통을 해야 천국의 시민이 아니겠는가?

"다른 이로써는 구원을 받을 수 없나니 천하 사람 중에 구원을 받을 만한 다른 이름을 우리에게 주신 일이 없음이라 하였더라."(행 4:12)

예수님 외에 다른 것으로는 구원을 받을 수가 없다고 하셨다.

"영접하는 자 곧 그 이름을 믿는 자들에게는 하나님의 자녀가 되는 권세를 주셨으니 이는 혈통으로나 육정으로나 사람의 뜻으로 나지 아니하고 오직 하나님께로부터 난 자들이니라."(요 1:12~13)

예수님을 믿는 자들은 하나님의 자녀가 된다고 말씀하셨다. 우리는 예수님으로 구원받고 하나님의 자녀가 되어야만 천국의 시민이 될 수 있음을 알 수 있다. 지금은 덜하지만 예전에 미국으로 이민을 가고 미국의 시민권자가 되려고 원정출산도 가고 하는 모습들이 있었다. 세상의 나라도 부강하고 힘이 있으면 그곳의 시민이 되려고 애쓰는 모습을 볼 수 있다. 이것은 예전에도 그랬는지 성경에도 로마 시민권자들에게 함부로 할 수 없음을 기록하고 있다.

"천부장이 와서 바울에게 말하되 네가 로마 시민이냐 내게 말하라 이르되 그러하다. 천부장이 대답하되 나는 돈을 많이 들여 이 시민권을 얻었노라 바울이 이르되 나는 나면서부터라 하니 심문하려던 사람들이 곧 그에게서 물러가고 천부장도 그가 로마 시민인 줄 알고 또 그 결박한 것 때문에 두려워하니라."(행 22:27~29)

말씀을 보니 로마 시민권자라는 사실로 심문하려던 사람들도 물러가고 천부장도 결박한 것으로 인해 두려워하는 모습을 볼 수 있다. 하물며 천국 시민권은 천국 시민권자가 되고 싶다고 돈으로 살 수도 없는 것이

다. 천국에 들어갈 수도 없다. 로마나 미국이나 어디나 시민권자가 아니
더라도 여행으로 다녀올 수는 있다. 그러나 지옥에서 천국이 궁금하다고
여행을 올 수는 절대 없는 것이다. 우리는 이런 세상 나라에서도 긍지를
갖고 어디 시민임을 자랑하는데 천국 시민이 됨을 긍지를 가지고 자랑해
야 할 것이다.

하나님과 함께 살아가는 사람은 천국 시민이다. 천국 시민은 이 세상
에 살면서도 하나님과 소통하고 죽어서도 하나님과 함께 천국에서 영원
히 사는 사람인 것이다. 이 세상에서도 하나님의 도우심으로 살아가다가
천국에서는 완전하신 보호하심 속으로 들어가는 것이다.

매 순간이 하나님의 선물이다

06

나는 어릴 때 선물을 받은 적이 거의 없다. 가정 형편이 어렵기도 했고 형제가 많다 보니 새 옷을 입는 건 명절 때나 있을까 말까 했다. 그리고 학교에서도 한 반에 70명이 넘었던 그 시절에는 선생님들이 1년이 지나도 나 같은 학생의 이름을 모르는 일도 있었다. 집에서나 학교에서나 나는 존재감이 없는 학생이었다. 그런 나에게 교회는 참으로 신나는 곳이었다. 교회에 가면 모두가 반겨줬고 학교에서도 해보지 않은 '문학의 밤'이라는 행사에서 노래도 하고 연극도 하며 나에게 있는 달란트가 무엇인지 찾을 수 있는 곳이었다. 학생부 주보 한 면에 시도 적어보고 간증도 적어보는 귀한 달란트를 발견한 곳이다. 그리고 교회에서는 교수님이 주보를 나눠주시기도 하고 사업을 크게 하시는 회장님께서 주차봉사도 하는 세상 사람들이 이해할 수 없는 하나님의 사랑을 체험한 사람만이 이해할 수 있는 겸손과 섬김이 있는 곳이다.

"야베스가 이스라엘 하나님께 아뢰어 이르되 주께서 내게 복을 주시려거든 나의 지역을 넓히시고 주의 손으로 나를 도우사 나로 환란을 벗어나 내게 근심이 없게 하옵소서 하였더니 하나님이 그의 구하는 것을 허락하셨더라."(대상 4:10)

역대상 4장 10절 말씀에 야베스가 기도하였더니 하나님이 허락하셨다고 기록하고 있다. '천석꾼 부자는 천 가지 걱정, 만석꾼 부자는 만 가지 걱정'이라는 말이 있다. 세상은 좋은 일에는 걱정도 같이 있다는 말이다. 그러나 하나님이 주시는 선물에는 걱정이 없다고 하신다. 복 중에 이보다 좋은 복이 어디 있겠는가? 아무리 재산이 많아도 명예와 권세가 있어도 걱정, 근심이 끊이지 않는다면 무슨 기쁨이 있겠는가?

전에 있던 교회에서 윤 권사님의 남편이 증권회사에서 잘 나가셔서 부유하게 살고 계셨는데 은퇴와 함께 주식이 잘못되어 가정 형편이 어렵게 되었다. 그때 아들이 군대에서 제대를 하고 와서 그 사실을 알고 정신을 차리고 공부를 열심히 하였다. 전에는 공부를 열심히 하는 편은 아니어서 삼수를 하고 지방대를 갔었다. 그런데 제대를 하고 3, 4학년에 필요한 모든 자격증을 따고 공부도 열심히 하였다. 빨리 취직해서 집안에 도움이 되고자 하는 것이 기도제목이었다. 대기업에 서류를 넣기 전에 외국인 기업에 서류를 넣고 면접을 갔는데 면접 보러 온 사람들이 모두 박사들이어서 놀랐다고 한다. 관계자들도 지원 자격을 수정해야겠다고 했단다. 최종 면접에서 합격을 하였는데 조건이 이상하다며 내게 전화를 하셨다. 전화상으로 가족 모두 함께 있는 것이 느껴졌다. 소리가 들렸다. 심방 중이었는데 빨리 가겠노라고 하고 서둘러 권사님 댁으로 갔다.

내용은 이러했다. 지금 집안 형편이 어려워서 빨리 수입이 있어야 하는데 가려는 회사의 조건이 어학연수를 6개월 다녀오는 것으로 해서 합격하는 것으로 하자고 했다고 한다. 아빠는 그러라고 하고 본인과 엄마는 그냥 조금 후에 있을 대기업에 서류를 넣겠다는 것이었다. 나에게 주신 하나님의 마음을 이야기했다. 대기업도 좋지만 지금 서류를 넣은 곳은 지원 자격을 바꿨기 때문에 박사 학위를 따야 갈 수 있는 곳이며, 같이 서류를 넣은 사람들에게 학사 학위를 받은 사람이 되는 곳에 박사인 내가 떨어졌다는 것은 그 사람들에게 상처가 될 수 있지 않겠냐고, 그들도 하나님이 사랑하는 사람들이기에 어학연수 다녀오면 그 사람들도 잊을 것이고, 하나님의 계획인 것 같다고 이야기해주었다. 권사님의 아들은 나의 말에 고개를 끄덕였다. 나중에 연수 잘 다녀오고 회사 다니면서 자기에게 너무 잘 맞는다고 했다는 이야기를 권사님에게 전해 들었다. 우리가 무엇인가 기도하며 계획할 때 하나님은 최상의 것을 준비하시고 우리에게 선물로 주신다. 우리의 형편과 처지를 우리보다 더 잘 알고 계시는 주님이….

"내가 사망의 음침한 골짜기로 다닐지라도 해를 두려워하지 않을 것은 주께서 나와 함께하심이라 주의 지팡이와 막대기가 나를 안위하시나이다."(시 23:4)

교회에 다니시는 많은 분들이 다른 말씀은 몰라도 시편 23편은 많이 외우시고 좋아하신다. 우리가 세상을 살면서 알고 만나는 어려움보다 모르고 부딪히는 사건, 사고가 얼마가 얼마나 많은가? 어려운 일을 만나지 않기를 기도하지만 갑작스런 사고를 만나기도 한다. 어떤 권사님이 3중 추돌사고의 가운데 끼게 되셨다. 병원에 입원을 하셨다고 해서 급한 마음으로 찾아뵈었다. 권사님은 교통사고로 입원하셨는데 하나님께 감사하다고 하셨다. 앞뒤로 트럭이었고 사이에 끼어서 권사님의 차는 폐차를 하였는데 감사하다며 하는 말씀이 앞에 있는 트럭이 차가 밑으로 들어가지 않도록 조치를 한 차량이라서 트럭 밑으로 들어가지 않은 것만도 너무 감사하다고 하셨다. 교회에서 생활하다가 보면 참으로 큰 사건, 사고에서 하나님께서 건져주신 것을 너무도 많이 듣게 된다. 지금처럼 이렇게 코로나19 상황에서 우리가 살아가면서 하나님의 도우심이 아니면 살아갈 수 없음을 안다.

"그날에는 너희가 아무것도 내게 묻지 아니하리라. 내가 진실로 진실로 너희에게 이르노니 너희가 무엇이든지 아버지께 구하는 것을 내 이름으로 주시리라. 지금까지는 너희가 내 이름으로 아무것도 구하지 아니하였으나 구하라 그리하면 받으리니 너희 기쁨이 충만하리라."(요 16:23~24)

기도하면 받을 것이고 그러면 너희에게 기쁨이 충만하다고 말씀하고 계시다. 우리는 하나님께 예수 그리스도 이름으로 기도할 수 있는 특권을 가진 자이다. 하나님이 그리스도의 이름으로 우리가 구한 것을 선물로 주신다고 약속하고 계신다.

"너희 안에서 행하시는 이는 하나님이시니 자기의 기쁘신 뜻을 위하여 너희에게 소원을 두고 행하게 하시나니."(빌 2:13)

하나님은 하나님의 기쁘신 뜻을 위하여 너희에게 소원을 두고 행하게 하신다고 한다. 때로는 나에게 소원을 갖게 하시고 이루게 하심이 하나님의 뜻이기도 하다. 나의 달란트, 나의 꿈이 하나님의 뜻을 이루는 일이 되기도 한다는 것이다. 이것이 선물이 아니고 무엇인가? 찬양하는 것이 꿈이고 행복인데 그것으로 하나님께 영광을 돌리고 많은 사람에게 은혜가 된다면 말이다. 나에게는 글이 그것인 것 같다. 글을 쓰는 것이 나의 꿈이고 하나님께만 영광이 되길 바란다.

"고난당한 것이 내게 유익이라 이로 말미암아 내가 주의 율례들을 배우게 되었나이다." 시편 119편 71절 말씀이다. 작년 말에 딸이 많이 아팠다. 그것으로 나를 돌아보게 되었고 다시 기도를 회복하게 하시고 나의 부족함과 연약함과 아무것도 할 수 없는 자임을 알게 하셨다. 그리고 올봄에 전정기관염으로 열흘을 누워 있을 수밖에 없었다. 처음 들어보고 알게 된 전정기관염은 누워서 눈을 감고 있을 때만 괜찮고 조금이라도 움직이려고 하면 시작되는 어지러움을 뭐라 다 표현할 수가 없다. 고개를 들 수도 없고, 몇 발자국도 되지 않는 화장실을 기어가야만 하는 어지러움이었다. 누가 무엇을 도와줄 수도 없고 내가 어찌할 수도 없는 시간, 하나님하고 독대하는 시간이었다. 나에게 왜 이런 일이 있는 것인지, 하나님이 무엇을 원하시고 말씀하려 하시는 것인지를 물었다. 계속 찬양을 틀어놓고 기도했다.

하나님 앞에 유한한 인생임을 먼저 고백했다. 하나님이 부르시면 누구든 뭐라 변명하지 못하고 가야 하는 인생, 그것을 먼저 고백했다. 그리고 내가 은퇴한 후에 하려고 고이 접어놨던 글을 쓰겠다고 말씀드렸다.

나는 나의 죽음의 날은 모르기 때문이다. 하나님이 하라고 하는 것을 하다가 부르시는 그날에 가야 하기에 하루하루를 순종하며 사는 것이 맞는 것임을 다시 한 번 알게 되는 소중한 시간이었다. 왜 우리는 스스로 시간을 떼어놓고 하나님과 독대하는 시간을 갖지 못하고 극단적 선택(?)을 하게 하는지 모르겠다. 나도 크리스천에겐 브레이크가 필요하다고 말하지만 나도 그러지 못했다는 것이 부끄러웠다. 그러나 그런 순간에도 항상 함께하시고 기도에 응답하시는 하나님께 감사드린다. 하나님은 지금 쓰기를 원하시는 글이 있고 은퇴 후에 쓰기를 원하는 글이 있어서 지금 글을 쓰라고 하시는 것이라고 생각한다.

매 순간이 하나님의 선물이다. 행복한 순간, 일이 잘 되어 모든 사람에게 인정받는 순간도 하나님의 선물이지만, 그렇지 않고 고통의 순간, 실패의 순간조차도 하나님의 선물인 것이다.

시편에도 이렇게 말씀하고 계시다.

"고난당한 것이 내게 유익이라."(시편119:71)

The Gift of GOD

──────────────────── 부록

1. 구체적 기도 노트
2. 기도 감사 노트

구체적 기도 노트

■ 교회를 위해서

담임목사님을 위해서

① 담임목사님의 건강을 위해서(21.07.01)

② 담임목사님의 영역을 위해서(21.07.02)

③ 담임목사님의 가정의 평안을 위해서(21.07.03)

④ 담임목사님께서 여름에 더위에도 건강하시기를 위해(21.07.03)

부교역자님을 위해서

① 부목사님(○○○ 목사님)

② 부목사님(○○○ 목사님)

③ 전도사님(○○○ 전도사님)

④ 속장님(○○○ 속장님)

⑤ ○○팀(○○○ 권사님)

⑥ ○○반(○○○ 선생님)

■ 구체적 기도 노트 사용 설명서

예시로 두 페이지 정도를 적었으나 한 가지 주제의 기도에 몇 페이지를 할애해도 좋습니다. 날짜가 지나갈수록 구체적이고 자세하게 적어서 기도의 시간이 적어도 20분이 넘도록 해보면 좋겠습니다.

기도의 내용을 적은 줄은 천천히 길어지고 기도 노트 페이지도 차근차근 늘어나기 때문에 갑자기 시간이 늘지는 않습니다. 그러나 자연스럽게 적응이 되어갈 것입니다.

오랫동안 기도하지 않았던 분은 눈을 감고 기도하는 것을 먼저 하면 내용이 요약되고 대략적으로 기도하게 됩니다. 내용이 외워지고 짧아져서 짧은 기도문이 되어버립니다. 자신을 기도하는 사람이라고 하며 매일 기도한다고 이야기하지만, 마음이 담기거나 진실하고 간절하게 기도하지 않는 경우를 많이 보았습니다. 그러니 어느 정도 내용이 숙지되기 전에는 보고 읽으며 기도하는 것이 좋습니다.

대중기도를 하는 것이라면 몰라도 혼자 기도할 때는 유창하거나 멋진 말, 아름다운 단어에 신경을 쓰기보다는 정말 엄마에게, 아빠에게 말하는 것처럼 친밀하게 솔직하게 말하는 것이 더 중요합니다. 그리고 기도의 길이보다는 믿음에서 나오는 간절함이 중요합니다.

그 믿음을 더욱 극대화하기 위해서는 성경을 읽는 것도 중요합니다. 기도를 하는 시간만큼 성경도 읽으시기를 부탁드립니다.

체험의 종교라고 하는 우리 기독교에서 체험을 하지 못하고 다른 사람의 체험을 부러워만 한다면 너무 안타까운 일입니다. 성령님의 터치하심을 느끼기 위해 찬양과 함께 기도의 시간이 최소 한 시간이 넘어가도록 해봅시다. 그러면 틀림없이 내게만 말씀하시고 싶으셨던 하나님의 음성을 들을 수 있습니다. 저는 예수를 그리스도라 고백하는 모든 성도님들이 하나님과 직접 교제하시기를 기도합니다.

이렇게 하는 방법은 누구에게 배운 것이 아니고 제가 해보았던 방법입니다. 다른 방법도 있을 것이고, 이렇게 하는 것이 정답이라고 하는 것은 절대로 아니라는 점 참고하시기 바랍니다.

내 이름으로 일컫는 내 백성이 그들의 악한 길에서 떠나
스스로 낮추고 기도하여 내 얼굴을 찾으면
내가 하늘에서 듣고 그들의 죄를 사하고 그들의 땅을 고칠지라
– 역대하 7:14

기도 감사 노트

기도제목 (예시)		
1	교회 가까이에 거실이 넓고 방이 3개 있는 집으로 이사하고 싶어요.	21.01.20
2	아들이 제대하고 새로운 일을 하고 싶다고 하는데 본인의 적성에 맞는 일을 선택하게 하시고 좋은 사람들 만나게 해주세요.	21.01.27
3	딸이 직업병으로 팔꿈치가 아픕니다. 치료해주시고 다시 아프지 않도록 도와주세요.	21.02.03
4	저에게 건강 주시고 갱년기로 인해 어려움 겪지 않도록 도와주세요.	21.01.22
5	남편이 관절이 여기저기 아프다고 검사를 하였는데 갑상선호르몬에 문제가 있다고 하는데 치료하여 주세요.	21.02.10

무엇이든지 기도하고 구하는 것은 받은 줄로 믿으라
그리하면 너희에게 그대로 되리라
– 마가복음 11:24

	기도 감사 제목	
1	교회 가까이에 거실이 넓고 방이 3개 있는 집으로 이사할 수 있도록 도와주시니 감사합니다.	21.01.25 계약
2	아들이 제대하고 새로운 일을 하고 싶다고 하는데 본인의 적성에 맞는 일을 선택하게 하여주시니 감사합니다. 또한 좋은 사람들을 만나게 해주시니 더욱 감사합니다.	21.01.27
3	딸이 직업병으로 팔꿈치 아픈 것을 치료해주시니 감사합니다. 다시 아프지 않도록 운동법을 알게 해주시니 감사합니다.	21.02.03
4	저에게 건강 주시고 갱년기로 인해 어려움 겪지 않도록 해주신 것 감사합니다.	21.01.22
5	남편이 관절이 여기저기 아프다고 검사를 하였는데 류마치스관절염이 아니어서 감사합니다. 갑상선호르몬에 문제가 있다고 하는데 이것조차도 정상 수치가 되도록 하신 주님 감사합니다.	21.02.10

너희가 내 안에 거하고 내 말이 너희 안에 거하면
무엇이든지 원하는 대로 구하라 그리하면 이루리라
– 요한복음 15:7

	기도 감사 응답	
1	정말로 생각보다 훨씬 좋은 가격에 이사하게 해주셨습니다. 감사합니다. 이 집에서는 화목하게 잘 지내도록 도와주세요.	21.02.25
2	아들은 공학쪽인데 생각지도 않은 영업 일을 하게 되었습니다. 이것도 하나님의 인도하심으로 생각합니다. 감사합니다. 아들이 믿음의 가정에서 자라서 신앙생활 잘하는 사람이랑 믿음의 가정을 이루게 해주세요.	21.04.01
3	딸이랑 같이 운동을 다니게 해 주셔서 감사합니다. 딸이 건강 회복하고 즐겁고 행복하게 생활하게 해주세요. 하는 일이 사람을 만나는 일이니 사람으로 인해 스트레스 받지 않을 수 있도록 도와주세요.	21.05.07
4	운동 시작하면서 건강을 회복하게 해주시니 감사합니다. 잠도 더 잘 자도록 도와주세요.	21.05.07
5	남편의 갑상선호르몬이 잘 조절되도록 하여주시니 감사합니다. 계속 기도하고 운동해서 정상수치가 되게 해주세요.	21.06.10

지금까지는 너희가 내 이름으로 아무 것도 구하지 아니하였으나
구하라 그리하면 받으리니 너희 기쁨이 충만하리라
– 요한복음 16:24

기도 감사 제목	
1	이사한 집에서는 화목하게 기도하며 찬양하며 지내게 해주심에 감사합니다.	
2	아들이 믿음의 가정에서 자라서 신앙생활 잘하는 사람이랑 만나게 해주시니 감사합니다. 결혼까지 인도해주실 줄 믿고 감사합니다.	
3	딸이 일할 때 행복하게 일하게 해주시니 감사합니다. 마음과 몸이 건강하게 해주시니 감사합니다.	
4	숙면을 취할 수 있도록 하신 주님 감사합니다.	
5	남편의 갑상선 수치가 정상이 되도록 하신 주님 감사합니다.	

■ 기도 감사 노트 사용 설명서 및 실천편

이것은 제가 해본 노트 사용법입니다. 이렇게 하는 방법은 누구에게 배운 것이 아니고 제가 해보았던 방법입니다. 정답은 아니지만 좋은 방법이니 한번 실천해보시기 바랍니다.

	기도제목	

구하라 그리하면 너희에게 주실 것이요 찾으라 그리하면 찾아낼 것이
요 문을 두드리라 그리하면 너희에게 열릴 것이니 구하는 이마다 받을
것이요 찾는 이는 찾아낼 것이요 두드리는 이에게는 열릴 것이니라
– 마태복음 7:7~8

	기도 감사 제목	

아무 것도 염려하지 말고 다만 모든 일에 기도와 간구로, 너희 구할 것을 감사함으로 하나님께 아뢰라 그리하면 모든 지각에 뛰어난 하나님의 평강이 그리스도 예수 안에서 너희 마음과 생각을 지키시리라
– 빌립보서 4:6~7

	기도 감사 응답	

너희가 내게 부르짖으며 내게 와서 기도하면 내가 너희들의 기도를 들을 것이요 너희가 온 마음으로 나를 구하면 나를 찾을 것이요 나를 만나리라

− 예레미야 29:12~13

기도 감사 제목